Liebe Leserin, lieber Leser,

mit diesem Buch haben Sie einen guten Griff getan! Denn egal, was Sie vorhaben – ob Sie modernisieren oder verschönern, ob Sie reparieren oder ein eigenes Möbelstück bauen möchten –, jetzt kann nichts mehr schiefgehen. Die Fachautoren von Europas größtem Do it yourself-Magazin «SelberMachen» präsentieren Ihnen Heimwerken auf dem neuesten Stand. Schritt für Schritt werden sämtliche Handgriffe und kleinen Tricks erklärt. Alles, was wir Ihnen hier zeigen, ist vielfach und ausführlich in den Werkstätten von «SelberMachen» getestet und erprobt worden. Wir wünschen Ihnen viel Freude und Erfolg bei all Ihren Selbermacher-Plänen!

Detlef Wittkuhn

Regale und Schränke bauen

rororo
selber machen

rororo selbermachen
Herausgegeben von Wolf Dietrich Laatzen

Die Reihe rororo selbermachen wird produziert von der Redaktion der Zeitschrift SelberMachen, Jahreszeiten Verlag, Hamburg

Autor und Verlag bedanken sich bei allen, die technische Informationen, Fotos und fachlichen Rat beigesteuert haben, für die freundliche Unterstützung bei der Entstehung dieses Buchs.

Originalausgabe
Veröffentlicht im Rowohlt Taschenbuch Verlag GmbH, Reinbek bei Hamburg, Januar 1997

Layout Simone Sander
Umschlaggestaltung Walter Hellmann
(Foto: Petra Stange)
Lithographie Grafische Werkstatt Christian Kreher, Hoisdorf
Satz PostScript Sabon und Frutiger auf Apple Macintosh, QuarkXPress 3.31
Gesamtherstellung Clausen & Bosse, Leck
Printed in Germany
1990-ISBN 3 499 60305 5

Inhalt

Das Einsteigermodell: eine

Regalwand

Wenn Möbel auf Maß gebaut werden, wenn sie preiswert und attraktiv sein sollen, dann geht es nur mit Selbermachen.

Schränke und Regale selbst zu bauen ist eine der schönsten Aufgaben für Heimwerker. Am Ergebnis hat man jeden Tag Freude, und man genießt den Nutzen eines Staumöbels wie bei keinem anderen. Schränke und Regale zählen zu den leichteren Aufgaben, denn die Verbindungen von Holzplatten sind auch von weniger geübten Heimwerkern zu bewältigen. Für den Schrankbau benötigt man nicht viele Werkzeuge und kann im Holzhandel oder in Baumärkten neben Möbelbauplatten auch alle Verbindungsbeschläge problemlos erwerben. Der größte Vorteil beim Selbermachen: Jeder Schrank und jedes Regal paßt millimetergenau. So wie diese Regalwand, die im Raster gebaut wird.

34 × 34 cm, das ist das Raster, aus dem diese Regalwand konstruiert wird. Das schöne Material gibt es im Baumarkt: Fichte massiv.

Präzise **Bohrungen** und exakte Schnitte

Holz und Holzwerkstoffe zum Möbelbau sind dem Heimwerker bestens verfügbar. Baumärkte und Holzhandlungen bieten viele Möbelbauplatten an, die beim Schrankbau eingesetzt werden, z. B. massive Leimholzplatten in Fichte und Kiefer sowie Platten aus gespäntem oder gefasertem Material, Spanplatten und MDF-Platten (MDF = mitteldichte Faser). Auch Tischlerplatten aus aneinandergeleimten Holzleisten mit einer Furnierschicht sowie Sperrholzplatten sind dem Heimwerker leicht zugänglich. Den Zuschnitt der Platten kann man im Baumarkt bestellen oder auch selbst vornehmen. Für die Regalwand wurden Leimholzplatten in Fichte zugeschnitten im Rastermaß von 34 × 34 cm – einem Universalmaß, das die Abmessungen von Aktenordnern oder LPs berücksichtigt. Es läßt sich beliebig staffeln. Das Beispiel der Vorseite zeigt eine Konstruktion von je sechs Fächern in Höhe und Breite. So ergibt sich ein gefälliges Bild, das zusätzlich durch die Massivholzoberflächen aller Bauteile besticht.

Drei Korpusse mit je drei Konstruktionsböden bilden die tragenden Elemente. Hinzu kommen eine Seitenwand in gleicher Höhe sowie 16 Einlegeböden.

An allen Regalseiten die Positionen der Fachböden markieren: an den Kanten die Höhen anzeichnen und mit dem Winkel übertragen.

Alle Böden werden mit der Hand- oder Tischkreissäge auf das Maß 34 x 34 cm geschnitten. Eine Absauganlage nimmt den Sägestaub auf.

sind das A und O der Konstruktion.

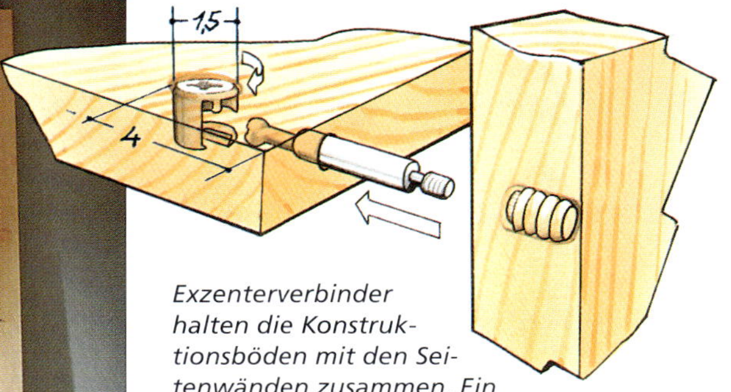

Exzenterverbinder halten die Konstruktionsböden mit den Seitenwänden zusammen. Ein Dreh des Exzenters, und der durch eine Bohrung im Boden gesteckte Schaft rastet ein.

Die Konstruktionsböden *werden an der Unterseite mit Löchern für die Schäfte des Beschlags versehen, Bohrdurchmesser 15 mm.*

Die Einlegeböden *werden von Bodenträgern gehalten. In die Seitenwände mit einer Lehre Löcher bohren (5 mm), die Böden auskerben.*

An den Kanten *werden die Löcher eingebohrt, die die Schäfte des Verbindungsbeschlags aufnehmen, Bohrdurchmesser 7 mm.*

Die Verbindungstechniken passend zum Material wählen

Eine wichtige Entscheidung bei der Planung eines Schranks oder Regals ist die Art der Verbindung, also die Technik, die die Möbelbauplatten zusammenhält. Nägel sind die bekannteste Methode, Holz dauerhaft zusammenzufügen, doch werden die Bretter dabei meist beschädigt, Massivholz kann gespalten werden, Spanplatten brechen auf. Auch Schrauben können Holz beschädigen. So haben sich alle Techniken bewährt, bei denen die Löcher mit der Bohrmaschine vorgebohrt werden. Verwendet man – insbesondere bei Serienbohrungen wie beim Beispiel der Regalwand – einen Bohrständer oder andere Hilfsmittel, gelingen die Bohrungen präzise. Der Vorteil geschraubter Verbindungen: Sie können durch Auseinanderschrauben gelöst und z. B. nach Transport des Möbels erneut zusammengefügt werden.

__Die Vorderkanten__ aller Regalteile werden mit dem Hobel leicht angeschrägt (fachlich: angefast) oder mit Schleifpapier etwas gerundet.

__Die Regalseiten__ erhalten Bohrungen für die Verbinder. Die Kunststoffmuffen in die 10 mm großen und 13,5 mm tiefen Löcher pressen.

__Die festen Korpusse__ werden durch Schrauben verbunden. Löcher vorbohren, die Konstruktionsböden mit den Spaxschrauben festziehen.

__Der Exzenterverbinder:__ Der Schaft, der in der Muffe fixiert ist, wird durch ein Bohrloch zum Exzenter durchgesteckt und festgezogen.

der Planung berücksichtigt werden.

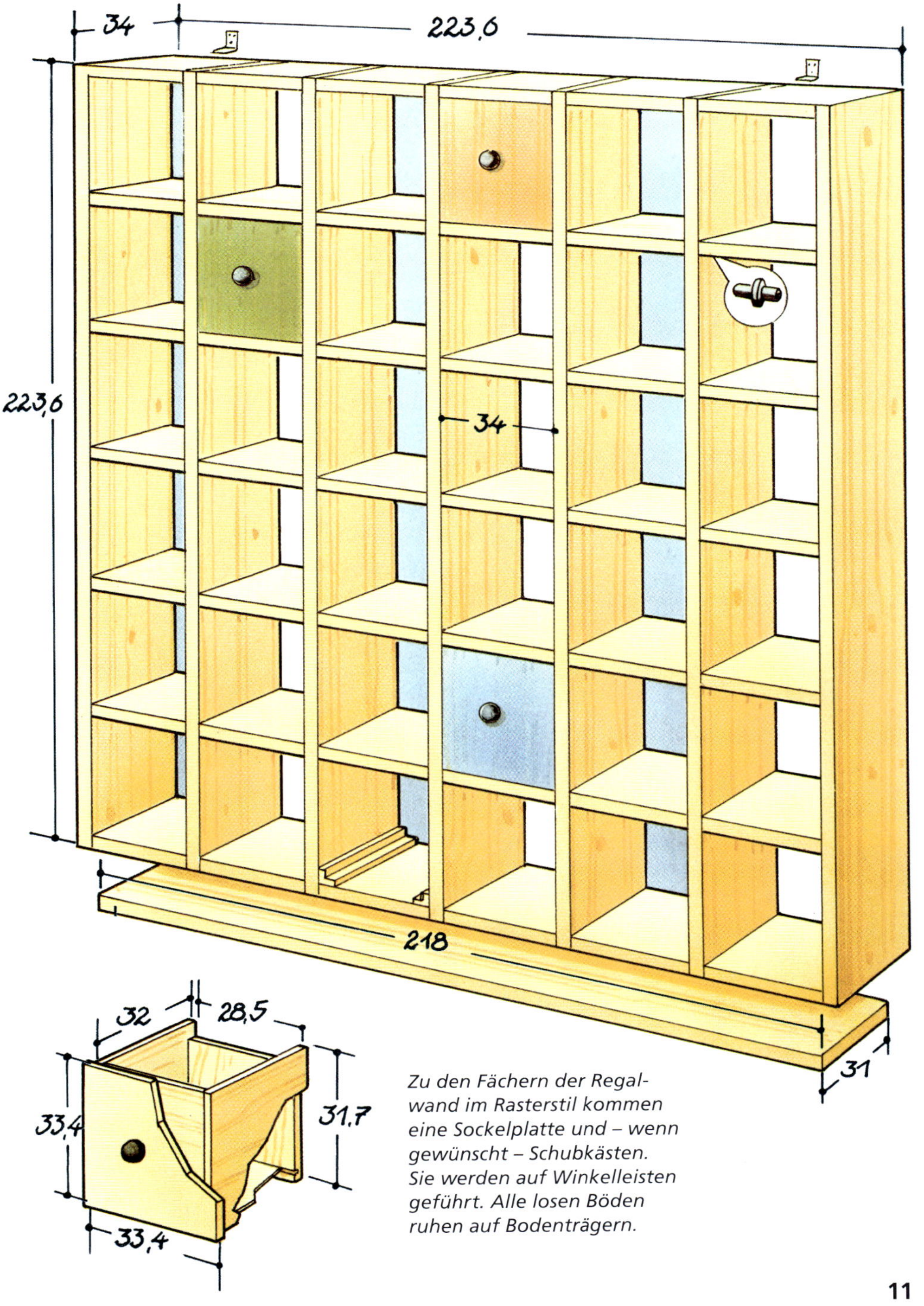

Zu den Fächern der Regalwand im Rasterstil kommen eine Sockelplatte und – wenn gewünscht – Schubkästen. Sie werden auf Winkelleisten geführt. Alle losen Böden ruhen auf Bodenträgern.

Schubkästen kann man jederzeit hinzufügen.

***Die Nuten,** die den Sperrholzboden aufnehmen sollen, sägt man mit der Schattenfugensäge in Seitenteile, Vorder- und Hinterstück.*

***Der Schubkastenboden** wird in die Nuten eingeschoben, bevor man die zweite Seite mit dem Vorder- und Hinterstück verschraubt.*

***Als Schubkastenführung** dienen dünne Winkelleisten. Man kann sie in die unteren Ecken der Regalfächer leimen und/oder nageln.*

Eine Art Regalbau im kleinen

Der Bau von Schubkästen stellt sich nicht schwieriger dar als der Bau des Regals. Die Anforderungen an die Präzision des Holzzuschnitts sind ebenso groß, jedoch sind hier kleinere Maße zu berücksichtigen (s. Zeichnung auf der vorigen Seite). Damit sich Schubkästen ohne Verkanten ziehen und schieben lassen, müssen ihre Dimensionen gegenüber dem Fach etwas zurücktreten, im Beispiel sind es 6 mm in Breite und Höhe, die garantieren, daß die Schubkästen leicht bewegt werden können. Da sie meist unsichtbar im Fach bleiben, müssen sie nicht komplett aus demselben Holz wie das Regal gebaut werden, als Baumaterial bietet sich auch Sperrholz an. Es ist ausreichend stabil, dünner als Leimholz und damit leichter. Auch bei Schubkästen stellt sich die Frage der dauerhaften Holzverbindung. Am leichtesten zu handhaben sind hier Schrauben, die sich sehr gut eignen, wenn die Teile rechtwinklig zusammengefügt werden sollen. Als nicht sichtbares Schubkastenteil wurde bei der Regalwand der Boden in 6 mm dickem Sperrholz ausgeführt.

Wenn die Fachböden häufiger umgesteckt werden

Besonders bei lackierten Fachböden hinterläßt der Wechsel oder das Umstecken auf andere Höhen bald Kratzspuren, da die Böden stramm im 34 mm breiten Fach sitzen. Schneidet man sie um 1 mm in der Breite kürzer, lassen sie sich einfacher einfädeln und verkanten nicht. Auf den Bodenträgern ruhen auch die nur wenig kürzeren Fachböden sicher und dauerhaft.

Regale fertig gekauft

1

2

3

4

und ideenreich umgebaut

Mit Regalen aus dem Möbelhaus kann man eine ganze Menge machen. Mit guten Ideen kommen sie ganz groß raus.

Regal gekauft, aufgestellt, Bücher hinein, so kann man es machen. Heraus kommen Lösungen, die vor allem praktisch sind. Aber nicht immer auch nett anzuschauen. Wer Sinn für schöne Einrichtung *und* fürs Heimwerken hat, kann sich ungleich attraktivere Möbel gestalten. Manchmal genügen schon einige gekonnte bauliche Zusätze. In diesen Beispielen wurde ein Regalklassiker weiterentwickelt: Mit seinen diversen Maßen und verschiedenen Oberflächen eignet sich z. B. das Regal Billy von Ikea (Foto unten) ganz ausgezeichnet für die verschiedensten Einsatzgebiete und für nahezu jede Verschönerungsidee: als Bücherregal mit Schiebeblende (großes Foto), als Garderobenelement (Beispiel 2), als Spielzeugwand im Kinderzimmer (Beispiel 3), als Büroregal mit Schreibtisch (Beispiel 4) und als tolles Allzweckbord im Jugendzimmer (Beispiel 5).

5

Eine einfache **Tischlerplatte** vorm Regal

Die Schiebeblende verdeckt das Regal in der Breite eines Elements. Damit sie nicht aushakt, werden in der Nähe der Regalaußenwände Stifte in die Sockelblende eingelassen.

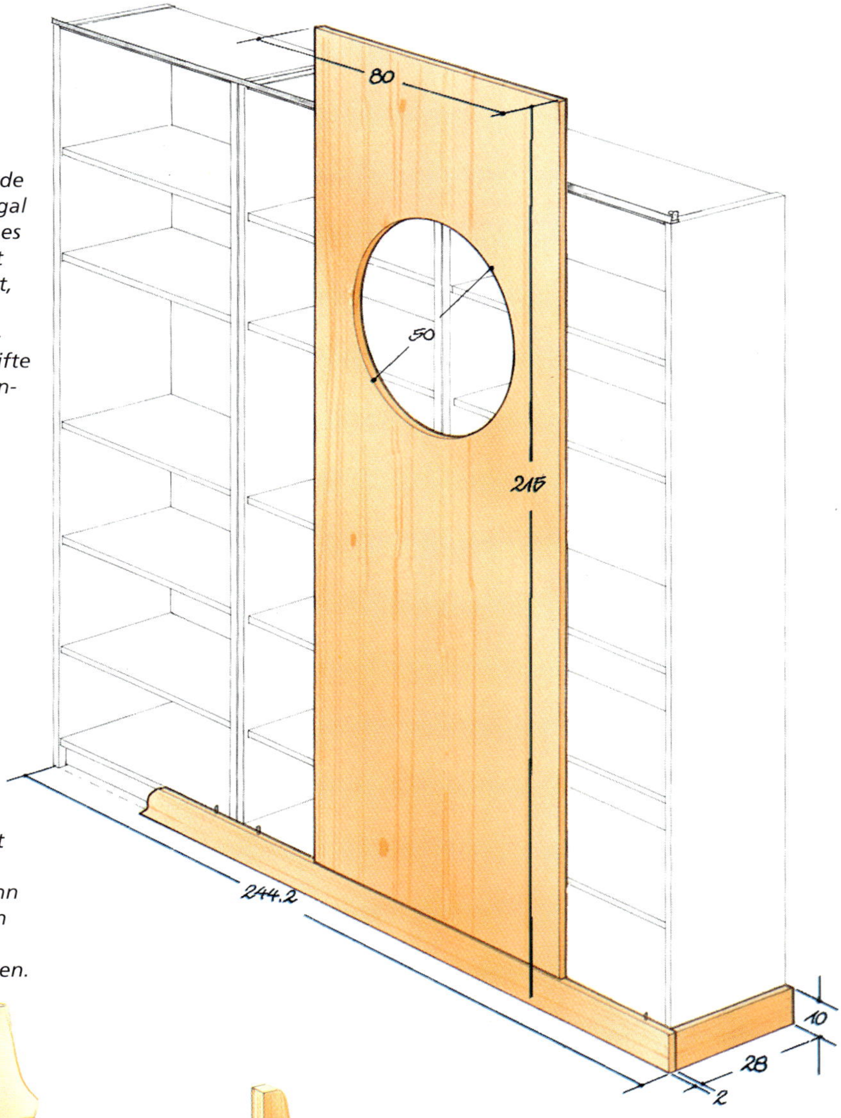

Die Blende läuft nicht von der Aluschiene, wenn an deren beiden Enden Stopper eingefügt werden.

Sechs einfache Bodenträger, die aus der Sockelblende nach oben herausragen, dienen als Führung für die Schiebeblende. Sie greifen in die eingesägte Nut.

sorgt für den reizvollen Farbkontrast.

1 Regal mit Schiebeblende

Ein Möbel mit klassischen Farbkombinationen, das ist die Billy-Bücherwand in Schwarz mit einer vorgesetzten Schiebeblende in Buche. Zwar gewinnt man mit der Tür keinen wirklichen praktischen Nutzen, doch aus der nüchternen Bücherwand wird durch den auffälligen Zusatz ein modernes Einrichtungsstück. Zum guten Aussehen trägt auch der Sockel in Buche bei, der unten angefügt wird.
Seine Hauptfunktion hat er allerdings als Führungsleiste für die Tür. Die wird oben in ein Winkelprofil aus Aluminium eingehängt, Schiebetürrollen sorgen hier für eine bequeme Handhabung.
Die drei schwarzen Billy-Regale sind 202 cm hoch und je 80 cm breit. Mit einer Höhe von 220 cm ragt die Schiebeblende oben also kräftig über die Regale hinaus. Die Regale baut man nach Anleitung auf, verschraubt sie miteinander und befestigt sie mit kleinen Winkeln an der Wand. Die Tischlerplatte mit Buchenfurnier erhält an der Unterseite eine gefräste Nut. Hier greifen simple Bodenträger hinein, die als Führung auf den Sockel gesteckt werden. An der Oberseite der Platte werden zwei Schiebetürrollen angeschraubt. Man braucht sie nur noch über die Winkelschiene auf den Regalen zu hängen.
Wer ein dekoratives Element in der Türfläche haben möchte, etwa einen Kreisausschnitt wie in diesem Beispiel, fertigt diesen mit einer Stichsäge an. Die Schnittkanten werden mit Umleimerstreifen versehen: mit dem Bügeleisen aufbügeln und überstehende Kanten mit dem Stecheisen abstoßen. Die Schattenfugensäge, mit der sich die Führungsnut der Platte gut schneiden läßt, kann man in entsprechenden Geschäften oder beim Tischler leihen.

Mit der Schattenfugensäge *läßt sich die Führungsnut an der Unterseite der Schiebeblende sauber einsetzen. Die Schnittiefe: etwa 5 mm.*

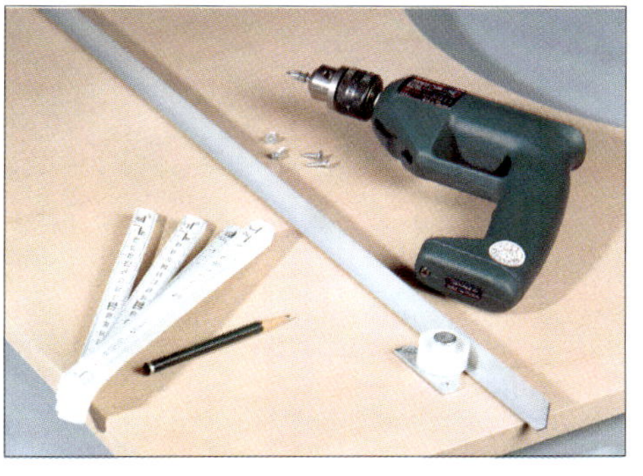

Die Schiebetürrollen *müssen exakt montiert werden, damit die Türplatte hängt und einige Millimeter Abstand zum Blendsockel hat.*

***Eine kreisförmige Aufhängung** herstellen, das geht einfach mit Holzscheiben, zwischen denen die Kleiderstange geschraubt wird.*

2 Garderobenregal mit Haken

Stauraum im Flur kann man immer gut gebrauchen. Wenn man zwei Regale einmal nicht mit den Rücken, sondern mit den Seiten zur Wand aufstellt, ergibt sich auch bei schmalen Fluren eine interessante Lösung: Man kann zwischen den Regalen eine Garderobe installieren, oben mit einer Stange für Kleidung, die an Bügeln hängt, unten ergibt sich der Raum für Schirmständer, Körbe, Schuhborde etc.
Je nach Platz werden die Regale ausgewählt, in diesem Beispiel boten sich zwei Billy-Regale von Ikea der Breite von 60 cm an: Sie stehen nicht zu weit in den Raum vor und bieten mit der Höhe von 202 cm ungemein viel Stauraum.
Zwischen beiden Regalen kann man nun eine Kleiderstange einfügen, etwa einen Abschnitt von Aluminium- oder Kupferrohr, die in passenden Lagerbeschlägen Halt finden. In diesem Beispiel wurde eine geschwungene Garderobenleiste verwendet, die zusätzlich durch zwei Scheibenelemente aus Holz verschönert wird: kreisrunde Scheiben aus MDF (Mitteldichte Faserplatte), die man mit der Stichsäge im Viertelkreis ausschneidet und so als Auflage fürs Regal vorbereitet. So ergibt sich zusätzlich ein farblicher Akzent im Flur.

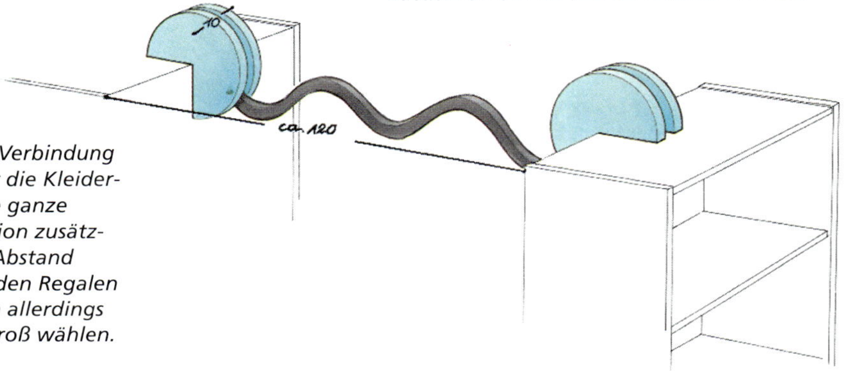

Bei fester Verbindung stabilisiert die Kleiderstange die ganze Konstruktion zusätzlich. Den Abstand zwischen den Regalen sollte man allerdings nicht zu groß wählen.

3 Regalwand mit Dekoration

Im Kinderzimmer dürfen die Regale nicht zu hoch sein, sonst kommen die Kleinen nicht mehr an ihr Spielzeug heran. Mit flachen Regalen, im Billy-Programm von Ikea ist die Standardhöhe von 106 cm verfügbar, kann man praktische Stauelemente aneinanderreihen, in denen bei einer Regaltiefe von 28 cm auch Großformatiges wie Spielekartons Platz findet – und trotzdem jederzeit zugänglich bleibt. Wem Regal an Regal zu langweilig wird, kann ohne weiteres ein Dekorationselement hinzufügen, beispielsweise eine effektvolle Lichtwand wie in diesem Beispiel. Man verwendet dafür Tischlerplatte oder MDF. Beide Plattenarten bieten den Vorteil, daß man mit der Stichsäge Zierfiguren hineinsägen kann, ohne daß die Sägekanten abbröckeln, wie es etwa bei Spanplatte der Fall wäre. Außerdem eignen sich beide für eine Oberflächenlackierung. Fest an die Wand kommt eine Dekorplatte, indem man einen Rahmen mit Dachlatten an die Wand dübelt. Hieran wird die Platte mit Winkeln festgeschraubt (oder von vorn mit Schrauben durch die Platte und die Schraubenlöcher vor dem Lackieren zuspachteln).

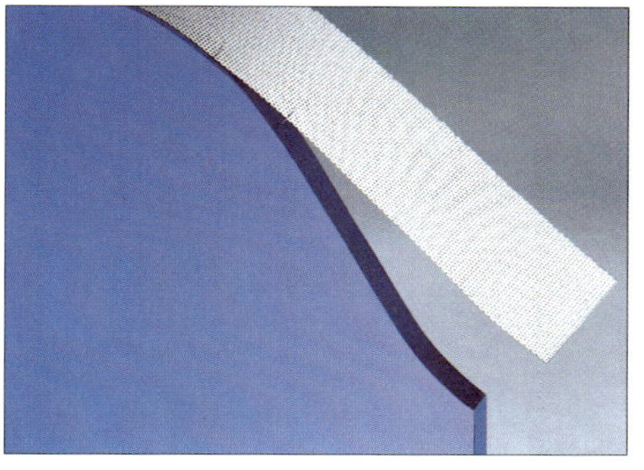

Ein aufgenagelter Streifen aus Aluminiumlochblech verdeckt an der Oberkante der Dekorplatte den Zwischenraum zur Wand.

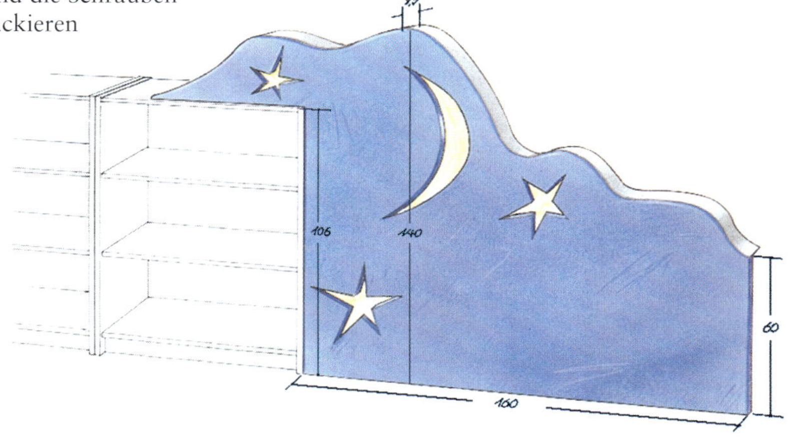

Durch die Unterlattung mit Dachlatten entsteht zwischen Dekorplatte und Wand ein Zwischenraum, der sich effektvoll nutzen läßt – zum Beispiel mit einer Lichterkette.

MDF-Platten im **Zuschnitt** sind das ideale

Ideal vorm Fenster: Je ein Regal an den Seiten, dazwischen kommt die Platte. Deren Kante wird mit der Stichsäge geschnitten.

Ein geschlossenes Bild ergibt sich, wenn die Platte in die Regale hinein verlängert wird. Die freie Form wird in Quadriertechnik von einer Skizze auf die Platte übertragen.

4 Regal mit Schreibtisch

Wer einen Büroarbeitsplatz einrichten möchte, kann schnell mal einige hundert Mark ausgeben, vor allem für einen Schreibtisch. Soll der neue Schreibtisch dann auch noch eine Computeranlage aufnehmen, wird es auf herkömmlichen Möbeln schon mal eng. Eine selbstgebaute Arbeitsplatte ist da vielfach die beste Lösung: Man kann sie in der notwendigen Tiefe anlegen – sehr wichtig, um einen Computermonitor richtig aufzustellen – und auch passend dimensionieren. In eine Regalwand integriert, ergibt sich so ein zweckmäßiger und günstiger Schreibplatz. Die Regale, hier zwei Billy-Regale von 202 cm Höhe und 80 cm Breite, bilden den tragenden Rahmen für die selbstkonstruierte Platte. Ihre freie Form sägt man am besten aus MDF zu. Jede Lösung ist dabei möglich, ob geschwungen oder mit Ecken. Aus dem Abfallstück der Platte kann man die Aufdoppelung für die Vorderkante gewinnen: Entlang der Schnittlinie sägt man mit der Stichsäge noch mal einen ca. 10 cm breiten Streifen ab. Der wird unter die Vorderkante geleimt, so daß die Platte massiver wirkt. Dann noch mit Oberfräse oder Schleifmaschine vorn abrunden und alles lackieren.

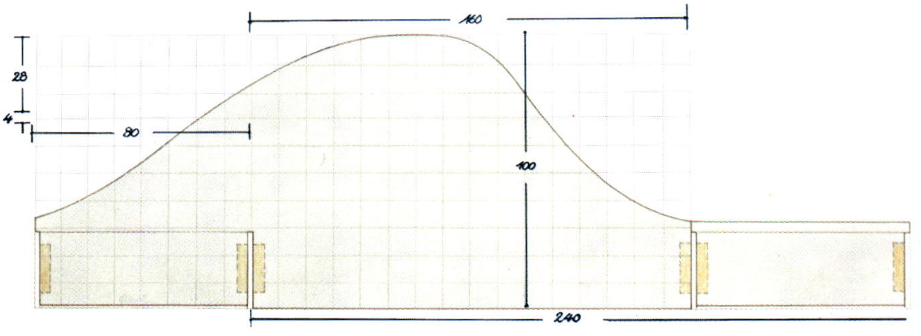

5 Regal mit Blendrahmen

Bei Möbeln haben junge Leute häufig einen besonderen Geschmack. Wem es mit Regalen pur zu langweilig wird, kann sie natürlich mal so richtig «aufmotzen» – mit einem Leuchtrahmen und einer auffälligen Farbzusammenstellung. Grundelement auch hier: zwei Billy-Regale von Ikea, diesmal in Kirschbaum. Dazu paßt ein Rahmen, den man sich aus MDF-Zuschnitten zusammensetzt und ganz nach Wunsch farbig lackiert, z. B. in Anthrazit. Die Konstruktion des Rahmens legt man wie einen Kasten an: mit einer Seitenwand, einer stabilisierenden Rückwand, der überstehenden Frontseite und einer durchlaufenden Sockelblende. Dann wird alles stabil, und alle technischen – vor allem stromführenden! – Teile der Beleuchtung können so verlegt

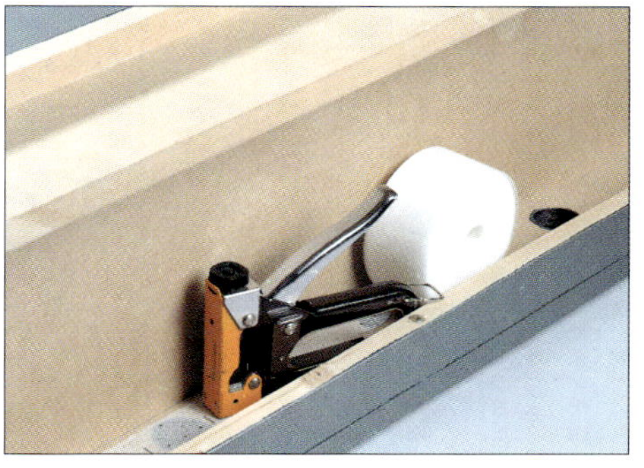

Eine farbenprächtige Regalwand wird mit einem Plattenrahmen realisiert. Die Lochabdekkung innen: ein aufgetackerter Gazestreifen.

werden, daß sie keine Gefahr darstellen. In die Frontplatte werden Löcher eingesägt. Je nach der gewünschten Größe mit Forstnerbohrer (bis 45 mm Durchmesser) oder mit der Lochsäge (beides Zubehörteile für die Bohrmaschine). Die Löcher werden mit einem Gazestreifen abgedeckt, den man innen auftackert oder aufklebt. Im Kasten montiert man Leuchtstofflampen.

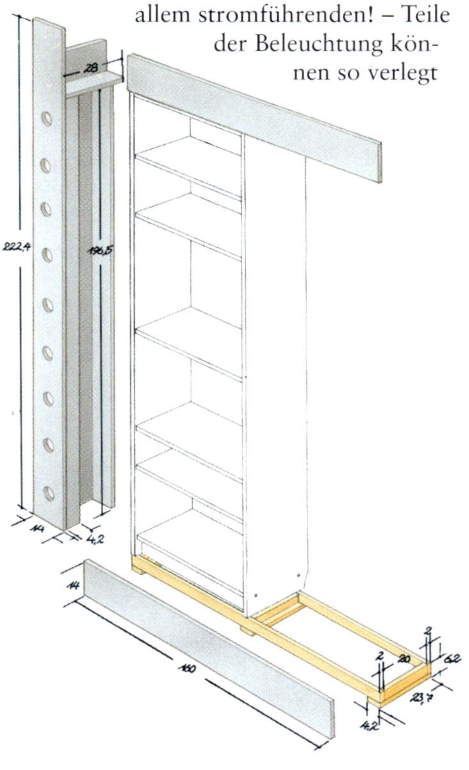

Um die Regalwand rundherum rahmen zu können, stellt man die Regalelemente auf einen Sockel: Dachlatten genügen.

Sie halten Möbel

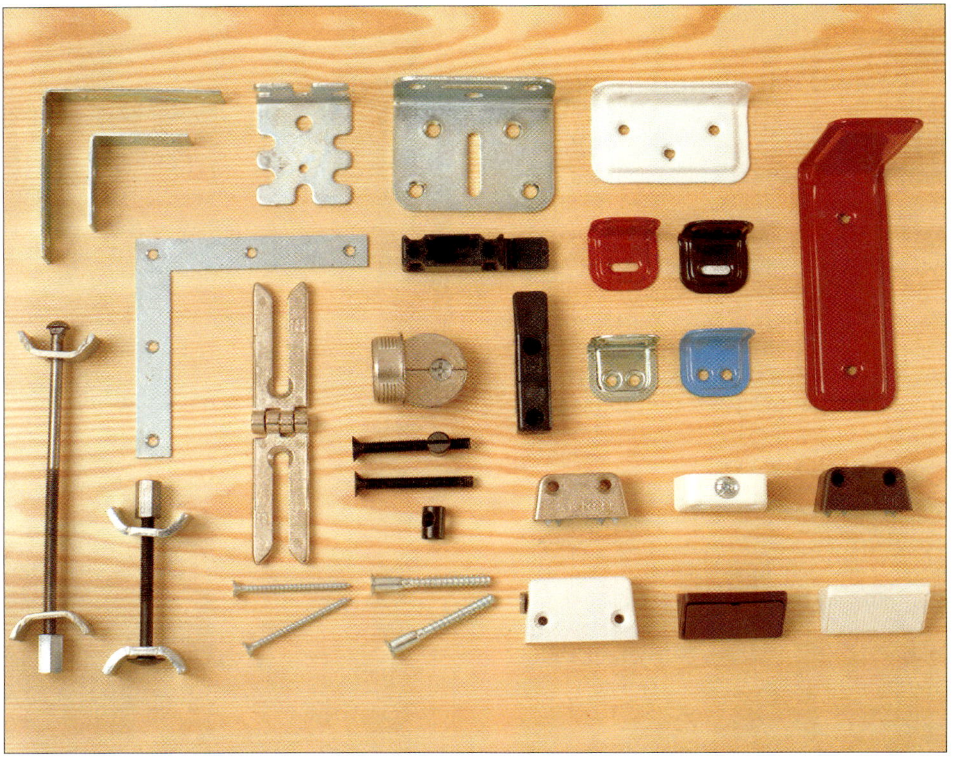

Verbindungsbeschläge sind in Baumärkten und im Eisen- oder Tischlereifachhandel zu bekommen. Je nach Beschlag sind verschiedene Schrauben zu verwenden, die nach Länge und Dicke ausgewählt werden. Auch Bohrlochgrößen und Holzdicken müssen beachtet werden.

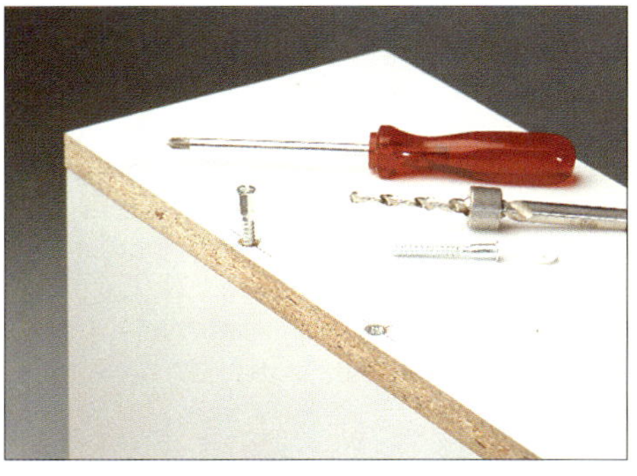

***Stufenschrauben** halten besser als Spaxschrauben. Zum Vorbohren braucht man einen Stufenbohrer, den Kopf verdecken Kappen.*

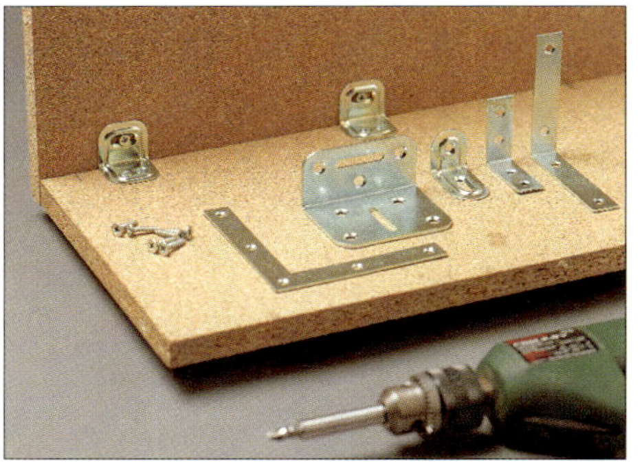

***Spaxschrauben** verwendet man bei Winkeln. Auf die passende Länge achten, damit die Schrauben das Holz nicht durchstoßen!*

fest zusammen: Verbinder

Verbindungsbeschläge für den Möbelbau sind in vielen Formen verfügbar. Je nach Technik werden sie unterschiedlich eingesetzt.

Möbelbau ist eine Sache für die Hobbywerkstatt, seit es Verbindungsbeschläge gibt, die einfach zu montieren sind. Sie kosten nicht viel Geld und sind in so vielen verschiedenen Ausführungen zu haben, daß bei Regal- und Schrankbau jede Lösung möglich ist. Ihr großer Vorteil: Sie lassen sich wieder lösen, so daß auch die aufwendigsten Möbelstücke leicht demontiert und z. B. bei Umzug erneut montiert werden können. Die Verbindungsbeschläge dieser Seiten sind reine Funktionsbeschläge, die lediglich den dauerhaften Zusammenhalt eines Möbelstücks gewährleisten sollen. Sie bestehen in der Regel aus Metall, sind daher sehr solide und überstehen viele Montagen, ohne sich – und damit auch das Möbel – zu verformen. Verbindungsbeschläge werden meist so angebracht, daß sie von außen nicht oder kaum sichtbar sind.

Beim Zusammenschrauben hilft ein praktisches Spannmobil.
Schränke und Regale werden fast immer rechtwinklig zusammengesetzt, das heißt, daß zwei aufeinandertreffende Platten im Winkel von 90 Grad zueinander stehen. Diesen Winkel beim Zusammensetzen einzuhalten ist nicht immer leicht. Auch ein Helfer, der beide Platten festhält, kann nicht für exakte Rechtwinkligkeit sorgen. Unschätzbare Hilfsvorrichtungen sind Spannmobile (auch Winkelspanner genannt), die die Platten beim Bohren und Verschrauben jeweils oben und unten zusammenhalten.

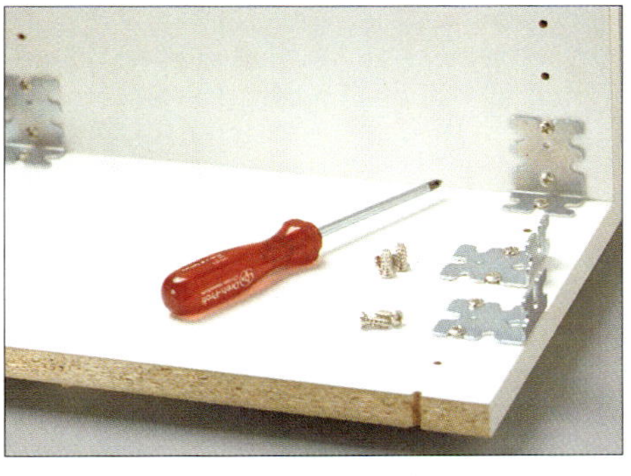

Universalwinkel *(Eurowinkel) kommen mit passenden Schrauben bei gelochten Regalseiten zum Einsatz (sog. 32er-Eurolochung).*

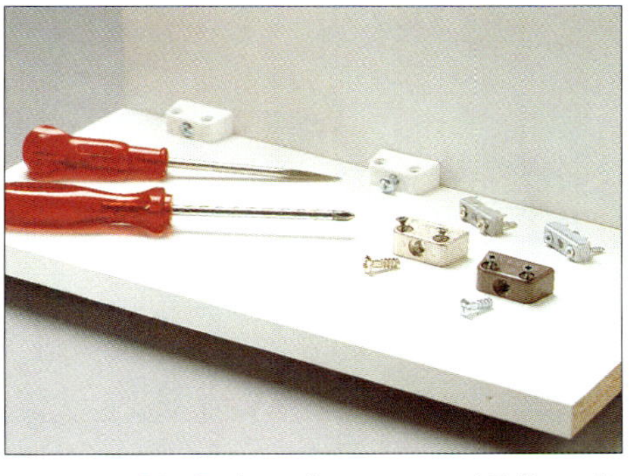

Trapezverbinder *bestehen aus zwei Teilen, die auf den Platten fixiert und von einer Verbindungsschraube zusammengehalten werden.*

Von einfachen Spaxschrauben bis zu Verbindern

Winkelverbinder *aus Kunststoff verfügen über Löcher, durch die die Schrauben direkt in das Holz gedreht werden. Die Schraubenköpfe verdeckt später eine Abdeckplatte.*

Metallkeile *halten bei diesem Verbinder die beiden Beschlagteile zusammen, die vorher angeschraubt werden. Zum Aufbau des Möbels benötigt man nur einen Hammer.*

Alle hier vorgestellten Verbindungsbeschläge werden verschraubt. So können die Möbel wieder in ihre Einzelteile zerlegt werden. Wenn die Möbel nur selten, etwa für einen Umzug, auseinandergenommen werden, können die Schrauben direkt in das Holz eingedreht werden, so z. B. bei Verbindungsschrauben und bei einfachen Verbindungen mit Winkeln. Dreht man eine Schraube zu häufig in das Holz und wieder heraus, verliert die Verbindung an Stabilität, weil die Bohrungen ausleiern. Für häufige Demontagen verwendet man besser Beschläge, bei denen die verbindenden Schrauben im Beschlag gehalten werden und sich nur die Befestigungsschrauben für die Beschlagteile im Holz befinden. Damit das Holz besonders an den schmalen Stirnflächen beim Eindrehen der Schrauben nicht aufspaltet, bohrt man die Schraubenlöcher vor. Die Bohrergröße sollte dem Kerndurchmesser der Schraube entsprechen. Bei der Montage der meisten Beschläge sind Spaxschrauben mit Kreuzschlitz geeignet. Sie lassen sich schnell und mühelos mit einem Akkubohrschrauber eindrehen.

Am stabilsten sind Verbindungswinkel aus Metall, die durch eingedrückte Sicken eine besondere Festigkeit haben. Diese Winkel werden z. B. beim Zusammensetzen von Schrankteilen von innen gegen Seitenwand und Montageboden geschraubt. Auf diese Weise lassen sich auch Zwischenböden oder Rückwände an den Seiten befestigen. Kunststoffverbinder lassen sich besser wieder lösen, tragen aber mehr auf. Für besondere Verbindungsprobleme gibt es spezielle Beschläge, so z. B. für Arbeitsplatten oder für Winkelverbindungen, die nicht rechtwinklig erfolgen sollen.

Eine lange Gewindeschraube und eine kurze Gewindehülse, die quer in eine Bohrung gesetzt wird, bilden hier die Beschlagteile. Die Schraube wird in der Hülse festgedreht.

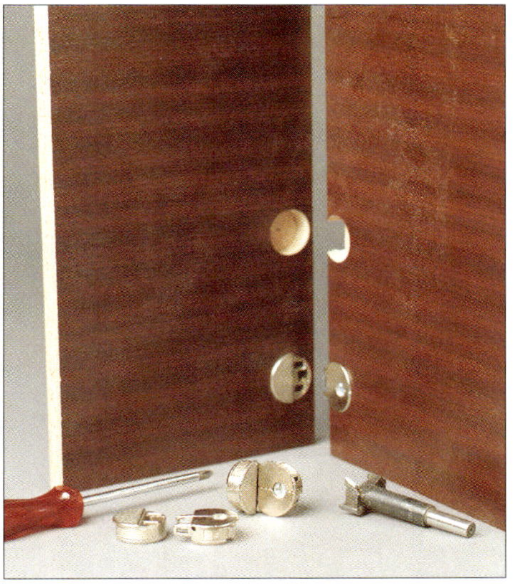

Bohrungen von 30 mm in beide Möbelteile erfordert dieser Verbindungsbeschlag. Die Teile werden eingerastet und durch eine Schraube gespannt und gesichert.

Arbeitsplatten für Einbauküchen bekommen spezielle Verbinder: Gewindestangen mit Haltestücken und Muttern. Die Vorarbeit: Bohrungen von 35 mm Durchmesser und Nuten.

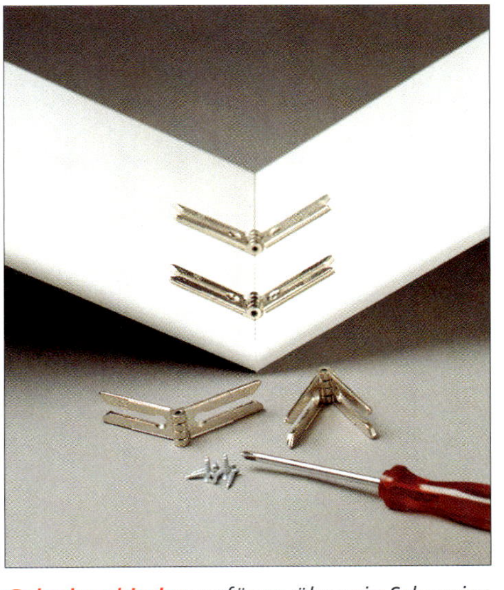

Gelenkverbinder verfügen über ein Scharnier. So können Bauteile auch in anderen Winkeln als 90 oder 45 Grad stabil zusammengehalten, aber auch leicht wieder gelöst werden.

Gute Idee, großer Nutzen:

*Montage leicht-
gemacht: Konsol-
stützen werden
direkt mit Dübeln
und Schrauben
an der Wand be-
festigt. Zwei
bis drei Löcher je
Stütze genügen.*

Bretter auf Konsolstützen

Zwei Konsolen an die Wand gedübelt, ein Brett darauf – so einfach geht ein Bord. Damit es gut aussieht und hält, gibt es die vielfältigsten Stützen.

Bücher im Wohnzimmer, Handtücher im Bad, Töpfe in der Küche – Borde sind ideale Möbel, wenn nicht allzuviel zu verstauen ist. Die Konstruktion ist simpel: ein Brett auf zwei Konsolstützen. Alle Ausführungen gibt es in Baumärkten. **1.** Rustikal sind die schmiedeeisernen Konsolstützen in antikschwarzer Ausführung mit Unterzinkung. **2.** Schlicht in der Form, dafür preiswert: Stahlblech-Konsolstützen in Braun, Weiß oder Schwarz mit Schenkellängen von 7,5 bis 35 cm. **3.** Klassik-Colorstützen mit brauner, weißer, gelber oder roter Kunststoffbeschichtung. **4.** Format-Color-Winkel in Braun, Blau, Rot, Weiß. **5.** Schwerlast-Elegantkonsolen aus Aludruckguß in Braun oder Weiß mit Schenkellängen von 10 bis 30 cm. **6.** Edel: Konsolstützen aus Messing. **7.** Hoch belastbar sind die feuerverzinkten Super-Schwerlast-Profilkonsolen, Schenkellängen von 20 bis 55 cm. **8.** Schwenk-Colorstützen in Gelb, Rot und Weiß, Ausladung ca. 40 cm. **9.** Die Klapp-Colorstütze hat eine Ausladung von 23,7 cm, in Gelb, Rot und Weiß. **10.** Die Schenkel der Schwerlast-Element-Klappstütze aus Aludruckguß sind 15 bzw. 30 cm lang. **11.** Die einfachere Ausführung der Klappstützen bekommt man von 20 bis 40 cm, verzinkt, in Braun oder Weiß. **12.** Holzkonsolen in Drechselstil. **13.** Holzkonsolen in Schichtverleimung. **14.** Linear-Konsolstützen aus farbigem Kunststoff mit Metallkern. **15.** Design-Konsolstützen.

Regalböden unsichtbar

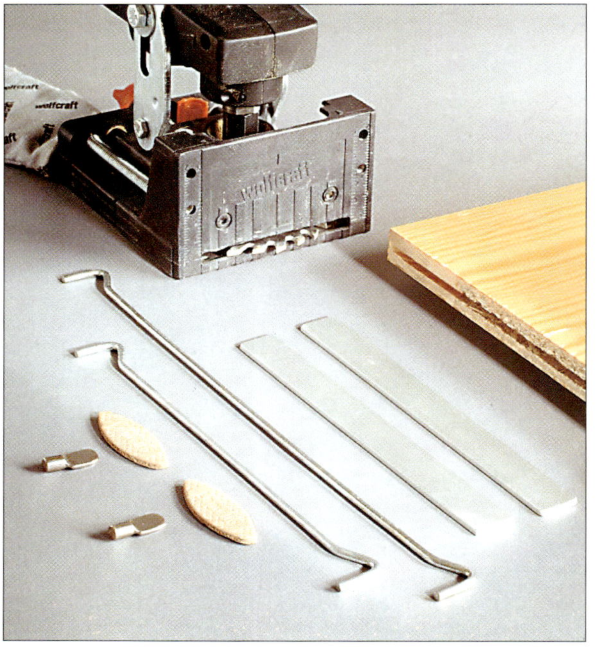

Die Schlitzfräse und diverse Bodenträger: Hülsenbordträger, sog. Lamellos (Flachdübel), Schwedenbügel und Aluschienen (von links).

So soll es sein: An den Unterseiten der Fachböden ist kein Beschlag zu sehen, nichts verrät, wie sie aufgehängt sind.

***Schwedenbügel** nennt man diese Drahtklammern, die an den Enden in das Holz der Seiten greifen. Die Böden werden aufgeschoben.*

***Hülsenbordträger** sind speziell geformte Stifte, die in Hülsen in der Wand eingesteckt sind und in den Sägeschlitz des Bodens greifen.*

befestigen: So geht's leicht

Soll ein Regal gelungen aussehen, dürfen die Bodenträger nicht zu sehen sein. Tips, wie es geht.

Wie eine Profiarbeit wirkt ein Regal erst, wenn die Fachböden zwischen den Seitenwänden so befestigt sind, daß ihre Träger nicht zu sehen sind. Nichts wirkt hier unschöner, als wenn überall Schrauben und Winkel hervorschauen. Aber das muß auch nicht sein. Es gibt diverse Tricks, wie man Fachböden unsichtbar befestigt. Man braucht allerdings ein spezielles Werkzeug: eine Schlitzfräse oder einen entsprechenden Aufsatz für den Winkelschleifer. Mit diesem Gerät fräst man in die Kanten der 19 mm starken Platten je einen Schlitz von 4 mm Stärke: von der Hinterkante der Platte bis zur Vorderkante, vor der er mit einem Abstand von 3 cm aufhört. Dieser Schlitz kann verschiedene Bodenträger aufnehmen, die allesamt nicht von vorn zu sehen sind. Sind die Fachböden dünner als 19 mm, setzt man 6 mm starke, nach unten offene Bohrungen in die Plattenunterseite, in die Stifte als Träger fassen.

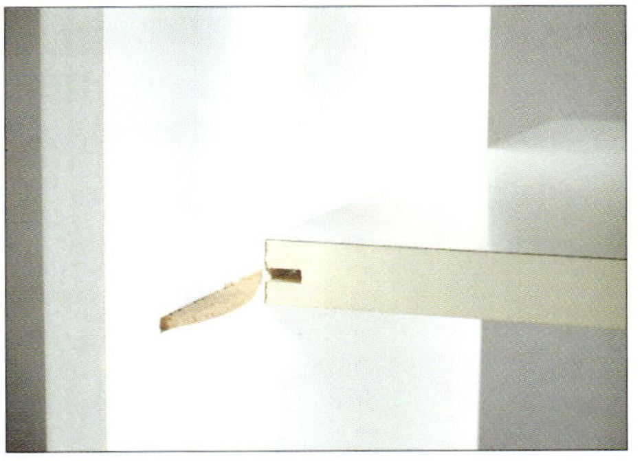

Lamellos, auch Flachdübel genannt, werden häufig im Möbelbau verwendet. Sie ragen je zur Hälfte in Fachboden und Seitenwand.

Einfache Stifte als Bordträger eignen sich für dünne Fachböden, die, mit entsprechenden Bohrungen versehen, daraufgelegt werden.

Aluschienen, auf Länge gebracht, lassen sich als Bordträger verwenden. Hier wird auch in die Seitenwände ein passender Schlitz gefräst.

Zum Einlassen passender Schlitze in die Fachböden nimmt man eine Bohrmaschine. Mit einem schmalen Beitel wird nachgestochen.

Uneingeschränkt variabel:

Die Idee für wechselnde Ansprüche: Aus Boxen zum Stapeln kann man immer neue Möbel machen: Raumteiler, Bücherwände …

Heute lebt man flexibel. Haus- oder Wohnungswechsel ist ebenso selbstverständlich wie der Umzug innerhalb der Wohnung. Wer mit stabilen, fest zusammengefügten Aufbewahrungsmöbeln zurechtkommen muß, stößt oft an Grenzen: Da paßt die Schrankwand nicht mehr, da ist das Regal zu klein oder kann nicht frei im Raum aufgestellt werden. Eine ideale Lösung bietet ein System aus Möbelboxen. Sie werden alle in der gleichen Größe in Serie gefertigt und lassen sich beliebig zusammenstellen: als Raumteiler, als Säulen oder Regalwände. Und ganz gleich in welcher Form, ob im Bogen oder vertikal an der Wand, sie sind ausreichend stabil und attraktiv obendrein. So kann man jede individuelle Wohnraumgestaltung realisieren und hat alles im Handumdrehen auf- und umgebaut. Die einfachen rechteckigen Elemente funktionieren als Modulsystem: Hat man zu viele, läßt man ein paar weg, werden später weitere Boxen benötigt, baut man nach dem Grundmuster flugs welche nach. Denn das Grundwerkzeug, eine simple Lehre zum Verleimen, kann man immer wieder einsetzen – und vor allem: selbst bauen.

das Regal im Modulsystem

Möbelbau in Serie – dabei hilft eine selbstgebaute Verleimlehre

Das Beste am Modulsystem: Zum Bau der Boxen ist kein besonderer technischer Aufwand erforderlich. Einzige Ausnahme: die Tischkreissäge. Sie sollte für die Gehrungsschnitte auf 45 Grad eingestellt werden können, und es muß ein Parallelanschlag vorhanden sein. Doch es geht sogar ohne dieses Werkzeug: Die vom Holzhändler zugeschnittenen Bauteile werden dann einfach stumpf, also Kante auf Kante, zusammengeleimt. Der einzige Nachteil dieser Bauweise: Die Schnittkanten bleiben sichtbar. Baumaterial für die Boxen ist 16 mm dicke MDF-Platte. Da die Eckverbindungen geleimt und nicht zusätzlich noch verschraubt werden, muß sauber und mit einer Materialzugabe von 1 cm gesägt werden, beim Endmaß von 60 × 36 cm z. B. läßt man sich Holz in 61 × 37 cm zuschneiden usf. Die Lehre zum Verleimen entsteht aus Restholz und Aluminiumwinkeln.

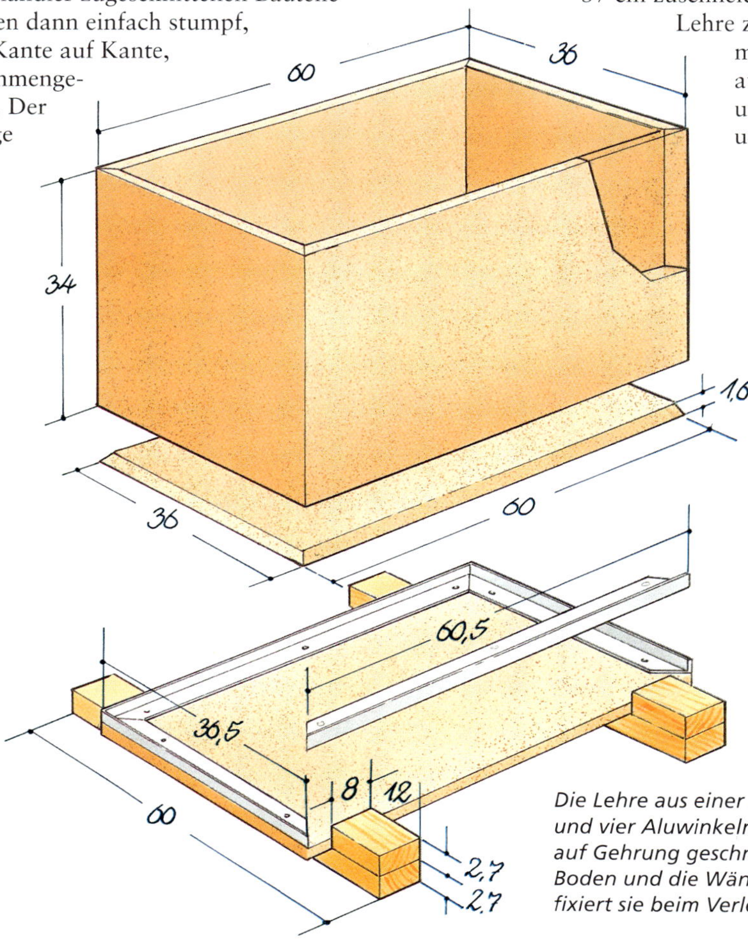

Die Lehre aus einer Holzplatte und vier Aluwinkeln nimmt den auf Gehrung geschnittenen Boden und die Wände auf und fixiert sie beim Verleimen.

schlicht in der Form, leicht zu bauen.

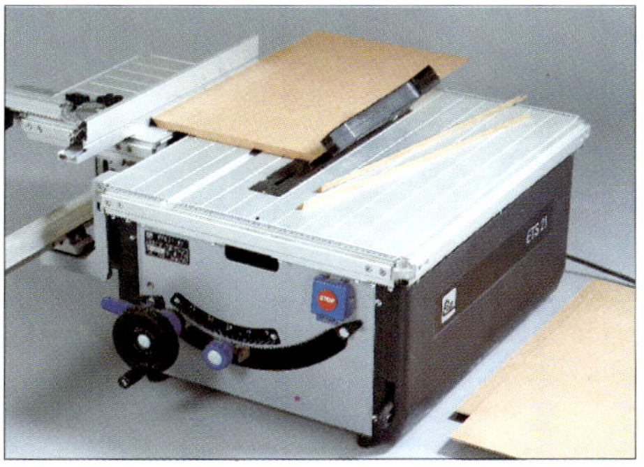

Der Parallelanschlag *auf der Tischkreissäge ist wichtig beim Zuschnitt der Längskanten. Das Sägeblatt auf 45-Grad-Winkel einstellen.*

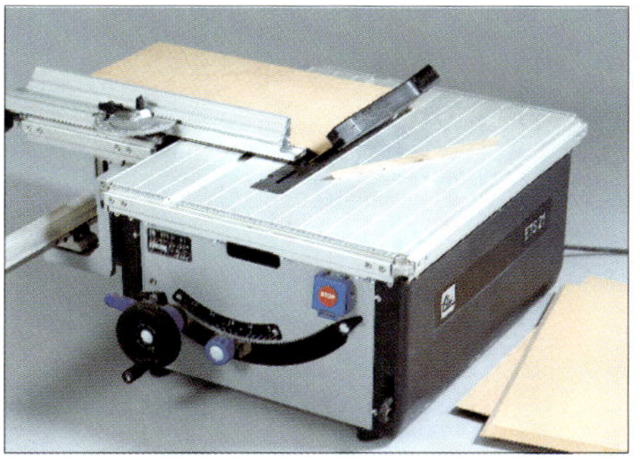

Der Winkelanschlag *führt die Platte beim Gehrungsschnitt an den schmalen Kanten. Alle Schnitte müssen exakt ausgeführt werden.*

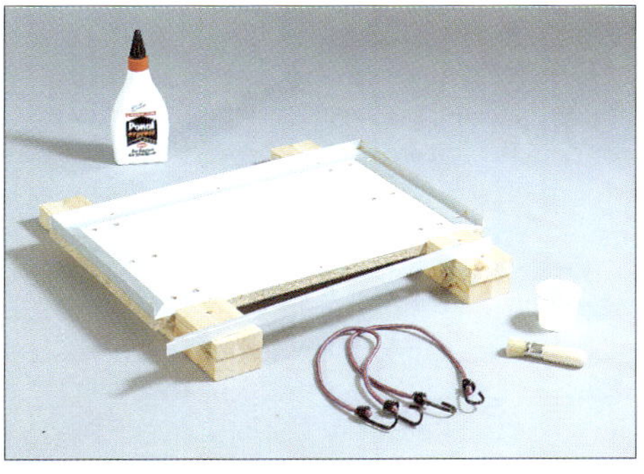

Die Lehre zum Verleimen *hat exakt die Maße der Rückwand. Zum Trennen nach dem Trocknen einen langen Winkel nur lose einlegen.*

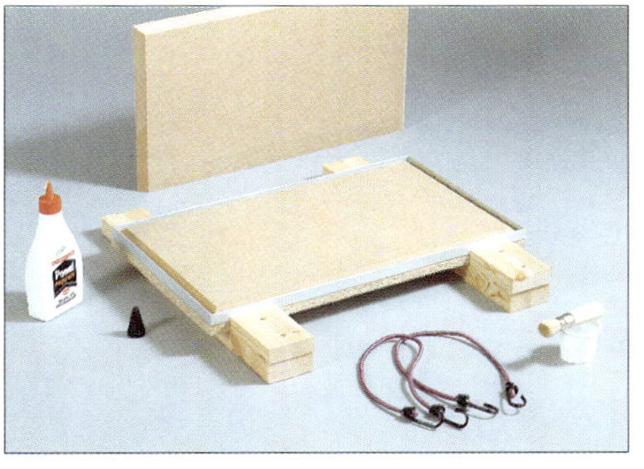

Zuerst den Boden einlegen *und die Kanten mit Leim bestreichen: Leimspur auftragen und gleichmäßig mit dem Pinsel verteilen.*

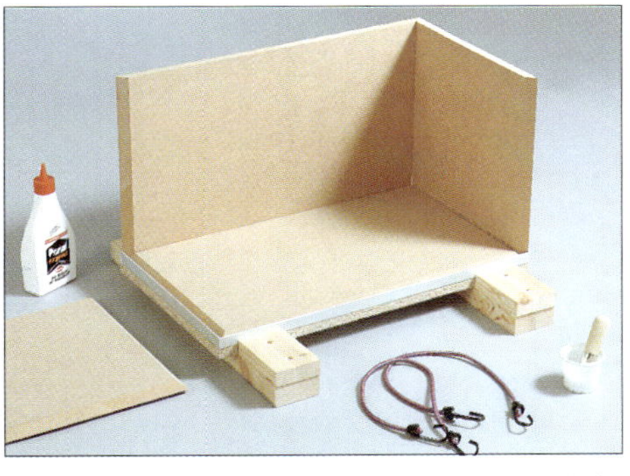

An die schmalen Kanten *Leim geben und die Platten in den Rahmen der Lehre stellen. Sie rutschen dann allein in die richtige Position.*

Die Ecken *müssen genau bündig sein. Evtl. mit Hammer und Zwischenlage nachhelfen. Spanngummi ansetzen, Abbindezeit: 20 Minuten.*

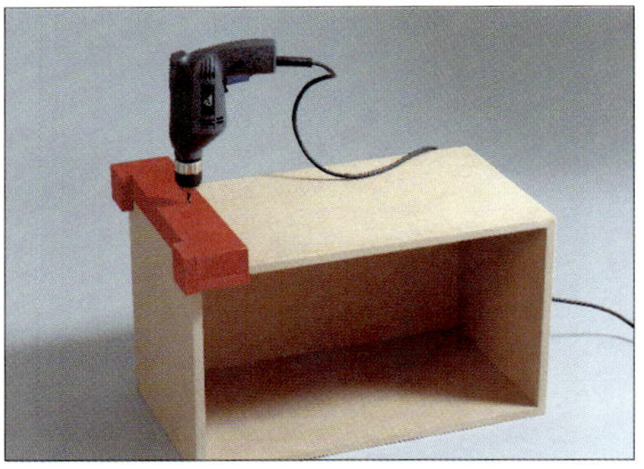

Eine Bohrlehre, deren Maße auf die Boxengröße exakt abgestimmt werden, hilft beim Bohren der Löcher. Diese von innen ansenken.

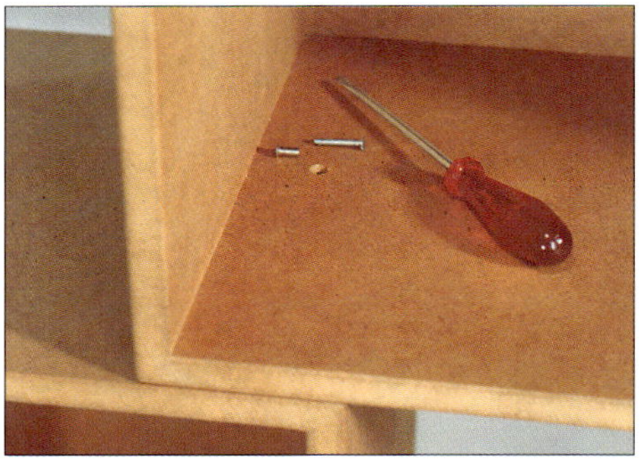

Die Verbindungsschrauben werden so versenkt, daß die Köpfe nicht hervorstehen. So kann der Boxeninhalt nicht zerkratzt werden.

Aluminiumrohre, 30 mm stark, dienen als Stützen an den Außenseiten. Mit Hilfe von U-Scheiben (Ø 25 mm) werden sie fixiert.

Beim Aufbau hilft eine Bohrlehre

Wenn es an den Aufbau einer Regalwand geht, sollten die Stapelboxen miteinander verbunden werden, damit das Bauwerk nicht rutscht oder wackelt. Dafür werden Verbindungsschrauben gesetzt. Die Löcher müssen paßgenau in Boden und Decke der Boxen gebohrt werden. Auch hierfür ist der Bau einer Schablone empfehlenswert, mit der alle Schraublöcher an exakt der gleichen Stelle eingebohrt werden. Bei den Verschraubungen handelt es sich um Senkkopfschrauben M 4 × 25 und dazu passende Hülsenmuttern mit Senkkopf.
Bei einer Konstruktion mit außen überstehenden Boxen kommt man um eine stabile Abstützung natürlich nicht herum. Gut geeignet und außerdem noch attraktiv sind einfache Aluminiumrohre.
Die MDF-Platten können mit farbigem oder klarem Kunstharzlack gestrichen werden. Die einfachere Methode der Oberflächenversiegelung: zwei Schichten Holzwachs. Das schützt die Oberfläche und gibt den Stapelboxen ein warmes Aussehen.

mit den vielen Möglichkeiten.

Ein symmetrischer Regalaufbau, 160 cm breit, 180 cm hoch. Die Rohre an den Außenseiten stützen die Konstruktion sicher ab.

Eine Stellfläche von nur einem halben Quadratmeter und trotzdem viel Stauraum: die Boxen zum Turm aufgestapelt.

Ein flacher, dreischichtiger Raumteiler in Kurvenform. Der Clou: Die Boxen stehen mal zur einen, mal zur anderen Seite offen.

Eine Pyramidalform mit einem angedeuteten Kreis. Wenn es der Platz erlaubt, lassen sich auch solche Formen verwirklichen.

Frei stehende

Regale: drehbar bei Bedarf

Ein Regal als Raumteiler, das man im Standwinkel variieren kann: Lange Gewindestangen als Säulen sind eine simple Lösung.

Natürlich sind bewegliche Regale selten erforderlich – und kaum handhabbar. Doch als Prinzip kann sich ein mehrgliedriges Möbel, das man in seiner Aufstellung variieren kann, als vorteilhaft erweisen, entweder bei Raumverhältnissen, die andere Aufstellungsarten erforderlich machen, als sie der rechte Winkel vorgibt, oder wenn ein eleganter Raumteiler gefragt ist. Reiht man mehrere Regalglieder aneinander, können auch interessante Zickzackformen entstehen. So stellt sich bei der Konstruktion die Aufgabe, ein oder mehrere Achsgelenke einzubauen, die die Beweglichkeit des Möbels herstellen. Die Lösung: Statt zweier Tragepfosten oder einer geschlossenen Regalseite verwendet man Gewindestangen, die mittig durch die Regalenden geführt werden und das Drehlager bilden. Die jeweils äußeren Seiten der Regalkonstruktion erhalten mit doppelten Gewindestangen Stabilität. Alle Gewindestangen werden oben mit Hutmuttern abgedeckt. So gewinnt man zugleich ein technisches Aussehen – das Regal im Techno-Look.

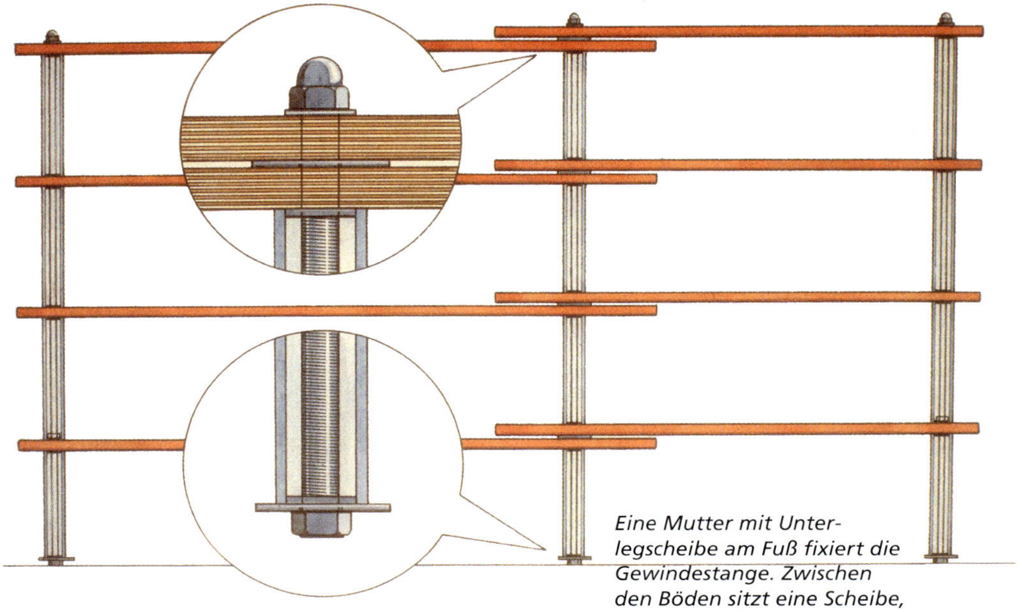

Eine Mutter mit Unterlegscheibe am Fuß fixiert die Gewindestange. Zwischen den Böden sitzt eine Scheibe, oben eine Hutmutter.

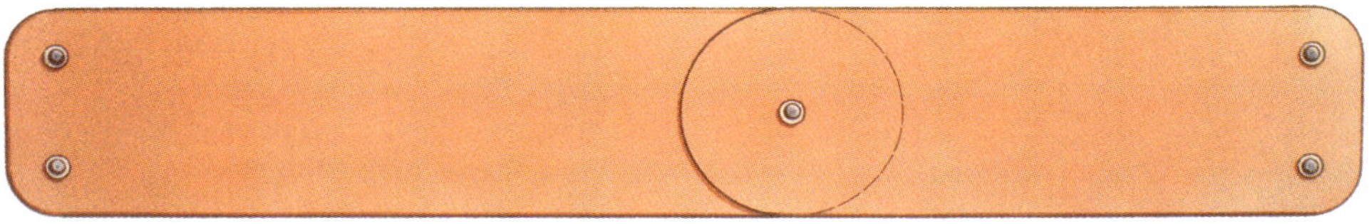

Präzisionsarbeit beim Bohren und Zusägen

So einfach die Konstruktion mit Gewindestangen, Hutmuttern und Unterlegscheiben erscheint, auf Präzision bei der Ausführung kommt es auch hier an. Die Bohrungen durch die Regalböden, durch die die Gewindestangen geführt werden sollen, müssen sehr exakt erfolgen. Alle Bohrlöcher müssen fluchten, damit sich die Gewindestangen beim Zusammenbau nicht verwinden und in den Löchern festklemmen. Auch die Plexiglasrohre, die zwischen den Regalböden für gleiche Abstände sorgen, können diese Aufgabe nur erfüllen, wenn sie exakt gleich lang sind.

Die potentielle Drehbarkeit des Regals schlägt sich auch auf die Form der Regalböden nieder: Sie werden an den Seiten mit den Drehachsen halbkreisförmig abgerundet – was an den Hobbytischler besondere Anforderungen stellt bei der Säge- und Schleifarbeit. Mit einem Zirkelschlag reißt man die Schnittlinie zunächst auf einem Brett an, sägt dann die Halbkreisform mit der Stichsäge aus und verwendet dieses Brett dann als Vorlage für alle folgenden Bretter. Wenn bei diesen Arbeiten etwas danebengeht, sieht man es am fertigen Möbel ganz gewiß.

Regal seine Beweglichkeit.

Die Bohrungen für die Gewindestangen erfolgen an der gleichen Stelle, wenn man eine Schablone verwendet, die mit Zwingen festgeklemmt wird. Bohrdurchmesser: 16 mm.

Die Rundungen der Regalböden (Halbkreisform Radius = 150 mm, bei den Eckrundungen 70 mm) schneidet man mit der Stichsäge. Mit Zirkel und Bleistift zuvor genau anzeichnen.

Ein Führungszapfen im Bohrloch, der in eine Hilfsanlage unter dem Werkstück gesteckt wird, garantiert, daß alle Rundungen absolut gleichmäßig nachgeschliffen werden können.

Der erste Regalboden, fertig ausgesägt und geschliffen, dient als Schablone zum Anreißen der übrigen Böden. Auch bei dieser Arbeit verbindet der Führungszapfen die Werkstücke.

Mit Rohren aus **Plexiglas** erhält das Regal

Mit der elektrischen Oberfräse *lassen sich die Kantenrundungen sauber und überall gleichmäßig abtragen. Ist sie nicht verfügbar, arbeitet man mit Hobel, Raspel oder Schleifpapier.*

Zum Lackieren *der Regalböden mit Kunstharzlack eignet sich eine Schaumstoffrolle. Alle Werkstücke werden vorgestrichen, dann fein geschliffen und sauber von Staub befreit.*

Das Finish eines Möbels, also die Behandlung seiner Oberflächen, prägt sein Aussehen ebenso wie sein konstruktiver Aufbau. Um so mehr bei einem frei stehenden Regal, bei dem alle Teile von allen Seiten her einsehbar sind. Sorgfalt verwendet man also nach dem Zusägen und Vorbohren der Regalböden auch auf die weitere Ausführung: So werden alle Kanten gebrochen. Das heißt, sie werden gleichmäßig abgerundet. Wer eine starke Ausformung der Kantenrundung wünscht, arbeitet am besten mit einer Oberfräse, die den Kantenabtrag sauber vornimmt – vorteilhaft besonders bei härterem Holz wie Multiplexsperrholz, das beim Beispielmöbel verwendet wurde. Für leichte Rundungen genügt meist schon die Handarbeit mit Schleifpapier und Schleifklotz. Alle Holzoberflächen erhalten einen mehrschichtigen Schutzanstrich mit Kunstharzlack, und auch die Gewindestangen, die durch die Plexiglasrohre sichtbar bleiben, erhalten eine Farbschicht aus der Sprühdose.

Mit den Muttern am Fuß der Gewindestangen setzt man den Bau fest. Sie werden mit einem Schraubenschlüssel angezogen.

sein technisches Aussehen.

Mit Sprühlack kann man die Gewindestangen farblich gestalten. Soll das technische Aussehen erhalten bleiben, verwendet man Silberbronze. Ein Pappkarton ist die Spritzkabine.

Die Plexiglasrohre längt man auf der Tischkreissäge ab, auf der man die Rohre beidhändig führen kann. Klebestreifen auf dem Sägetisch vermeiden Kratzer auf den Rohren.

Unterlegscheiben, Innendurchmesser 17 mm, Außendurchmesser 30 mm, 3 mm dick, zentrieren die Plexiglasrohre. An den Unterseiten der Regalböden haften sie mit Kontaktkleber.

Die Montage des Regals erfolgt im Sandwichprinzip Schicht auf Schicht. Beim Einfädeln der Bohrlöcher auf die Gewindestangen sorgsam vorgehen, um Lackkratzer zu vermeiden.

Raumteiler: geräumig und

Bücher in einem Regal an der Wand sind eine praktische Lösung. Noch attraktiver wird es mit einem schicken Raumteiler.

Immer an der Wand lang, lautet häufig das Motto, wenn ein Regal aufgestellt werden soll. Die beste Lösung, wenn viel untergebracht werden muß. Wer aber nicht gleich eine Bibliothek einrichten, sondern ein ansprechendes Möbel haben möchte, ist mit einem Raumteiler bestens beraten. Was dafür spricht: Raumteiler gliedern ein Zimmer, ohne es abzuriegeln. Voraussetzung ist, daß das Möbel nicht ganz und gar zugeräumt wird: Voll mit Büchern, wäre der transparente Effekt verloren. Noch ein Vorteil: Raumteiler sind mehr als nur ein frei stehendes Regal. Ein paar Schranktüren hier und da und Fächer, schon hat man ein universales Möbel.

Der besondere Pfiff: Winkelförmige Türen verschließen die unteren Fächer des Turmes. Hier zum Beispiel ein praktisches Barfach.

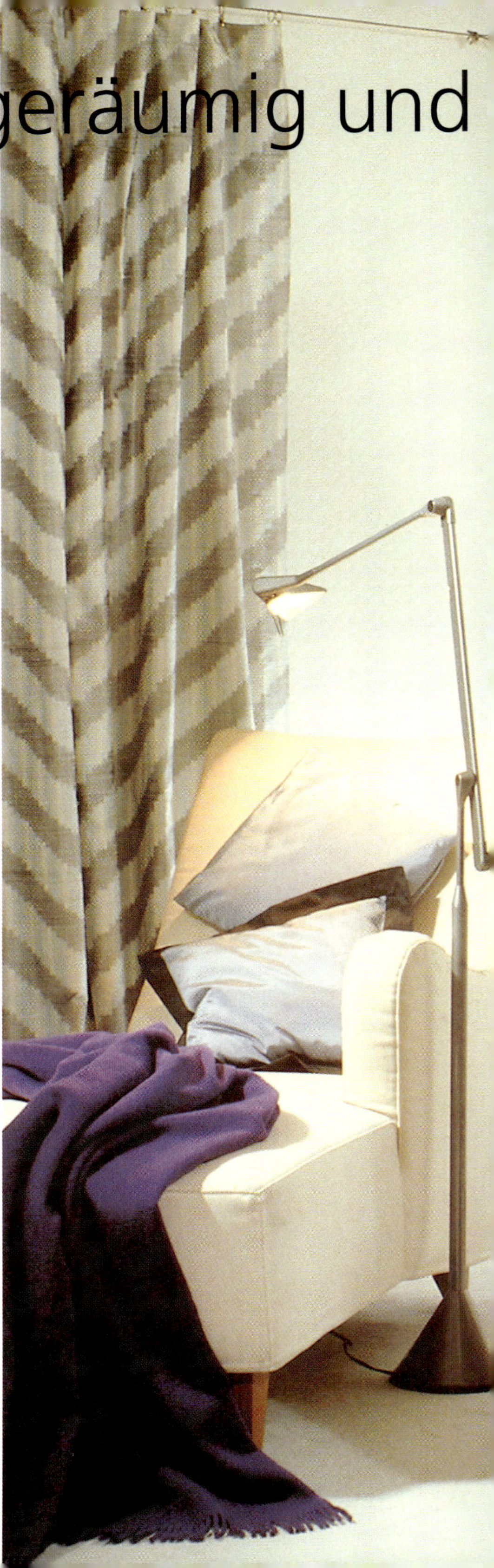

offen nach allen Seiten

Die interessanten **Schrägen** lassen sich mit

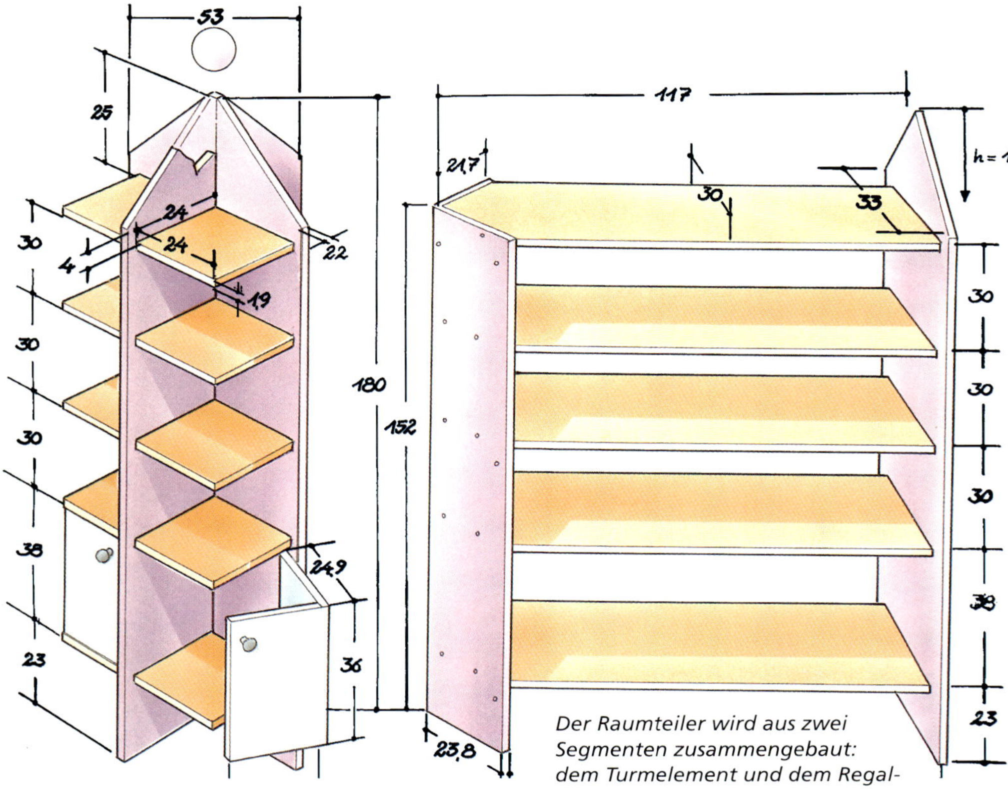

Der Raumteiler wird aus zwei Segmenten zusammengebaut: dem Turmelement und dem Regalteil. Zur Kontrolle sollte man die Teile lose zusammenfügen, bevor alles verleimt wird.

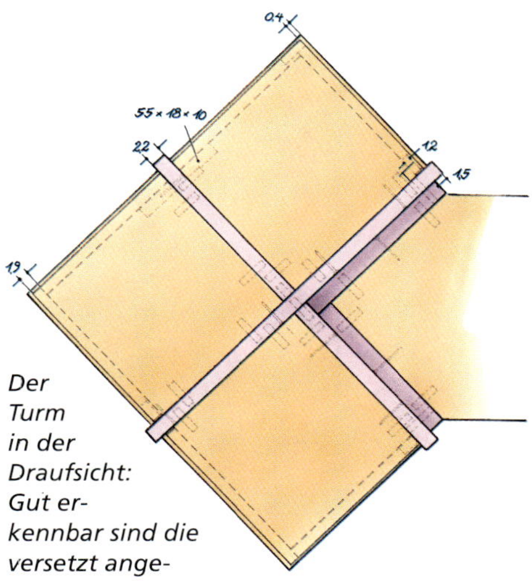

Der Turm in der Draufsicht: Gut erkennbar sind die versetzt angebrachten Dübelverbindungen von Wänden und Fachböden.

Die Turmmittelwand wird präpariert. Mit Hilfe des Winkellineals reißt man die Position von Turmflügeln und Böden sorgfältig an.

MDF hervorragend realisieren.

Als Material verwendet man mitteldichte Faserplatte, die sogenannte MDF-Platte. Sie läßt sich optimal verarbeiten. Auch schräge Sägeschnitte, wie sie bei die-sem Möbel erforderlich sind, hinterlassen saubere Kanten, die sich zudem bestens zum farbigen Lackieren eignen. In Materialstärken von 19 mm (für die Böden) und 22 mm (für die aufrechten Wände) ist MDF ausreichend stabil, so daß auch lange Regalböden, wie hier von einer Länge über einem Meter bei normaler Belastung, realisiert werden können, ohne daß man deren Durchbiegen fürchten muß. Die hohe Dichte von MDF macht die Platten zwar schwer, bei diesem frei stehenden Raumteiler ist aber gerade dies ein Vorteil, da das Möbel auch ohne Bodenverankerung stabil genug steht. Alle Teile werden mit Holzdübeln und Leim zusammengefügt. Bei der abgewinkelten Zwischenwand stabilisiert man zusätzlich mit Spaxschrauben. Wenn die quadratischen Böden und die Türen eingesetzt werden, heißt es besonders sorgfältig arbeiten!

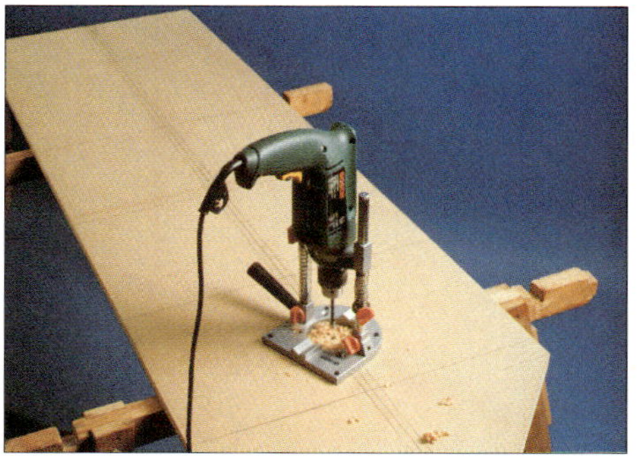

Das Bohrmobil, ein Zubehörteil für die Bohrmaschine, sorgt dafür, daß die Löcher exakt rechtwinklig und 18 mm tief ins Holz gehen.

Dübelmarker, die man in die Sacklöcher der Böden steckt, übertragen die Bohrpunkte auf die Seitenwände. So werden alle Teile passen.

Mit der Handkreissäge werden die Spitzen abgeschnitten. Eine Führungsschiene gewährleistet, daß der Schnitt nicht schief gerät.

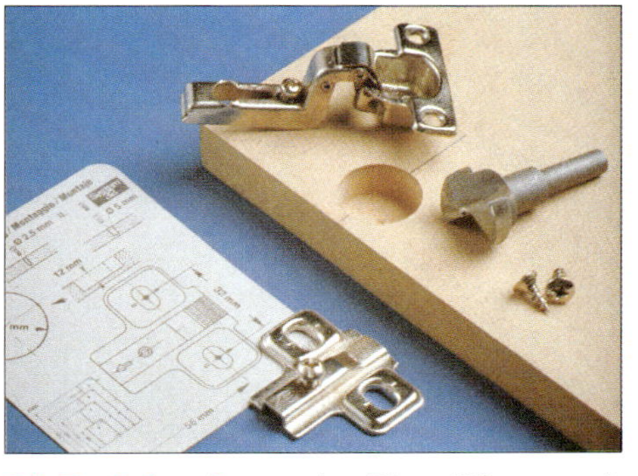

Die Topfscharniere an den Türen läßt man mit einem hartmetallbestückten Forstnerbohrer ein. Auch hier wird das Bohrmobil verwendet.

Ein schönes **Möbel in Bunt,** auch dafür

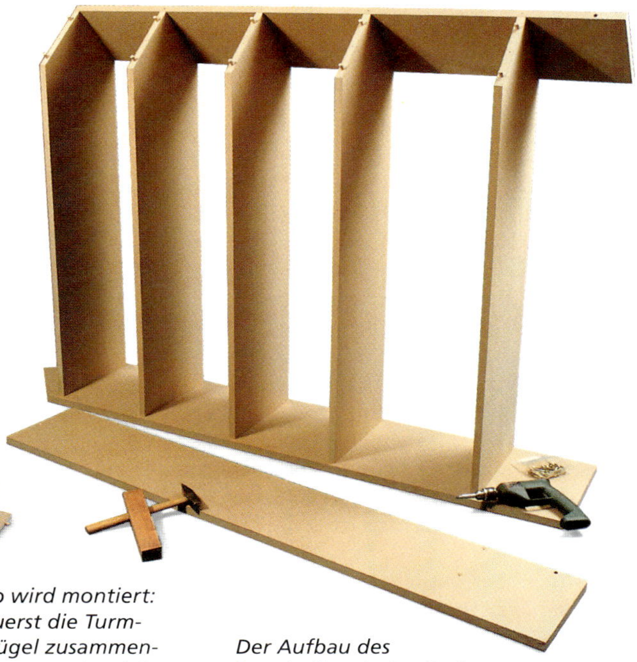

So wird montiert: zuerst die Turmflügel zusammenfügen und verleimen, dann an die Mittelwand setzen und fixieren.

Der Aufbau des Regalteils: mit der flachen Wand am Boden, darauf die Fachböden und obendrauf die spitzen Seiten.

Die farbigen Teile erhalten eine Grundierung. Sie wird zweimal mit der Rolle aufgetragen. Der Zwischenschliff erfolgt mit 280er Körnung.

Lackiertrick: Alle kleinen Teile werden mit eingesteckten Holzdübeln von einem Brettabschnitt gehalten. So wird der Anstrich sauber.

bietet MDF die besten Möglichkeiten.

Lackieren: klar oder farbig

Wenn alle Teile des Raumteilers zur Probe miteinander verbunden und eventuelle Korrekturen ausgeführt worden sind, können Böden und Seitenteile lackiert werden. Ein Schutzanstrich empfiehlt sich auf jeden Fall, da MDF nicht beschichtet ist und daher einen Oberflächenschutz braucht (man denke nur ans spätere Staubwischen). Lackiert man farblos, erhält das Material ein honigfarbenes Aussehen. Doch auch farbige Gestaltungen bieten sich an, solange alle Teile noch einzeln lackiert werden können. In diesem Fall wurde der «Naturton» der MDF-Platten mit farbigen Elementen kombiniert. Die Böden, die besonders strapazierfähig sein sollen, werden zweifach mit Klarlack behandelt oder – für höhere Beanspruchung – mit Kunststoffsiegel lackiert. Die farbigen Teile werden mit Holzgrund vorbehandelt und mit Acrylseidenglanzlack lackiert. Der Zwischenschliff erfolgt jeweils mit Papier der 280er Körnung.

Fest montiert und leicht demontiert: In die Hülsenschrauben kommen Gewindestangenabschnitte der Stärke M8.

Turm und Regal werden verbunden. Man verwendet Hülsenmuttern und Gewindestücke. Eine Zwinge hilft beim Bohren und Schrauben.

Beide Bauteile sind fertig für die Endmontage. Die Türen im unteren Bereich des Möbels werden zum Schluß angeschraubt.

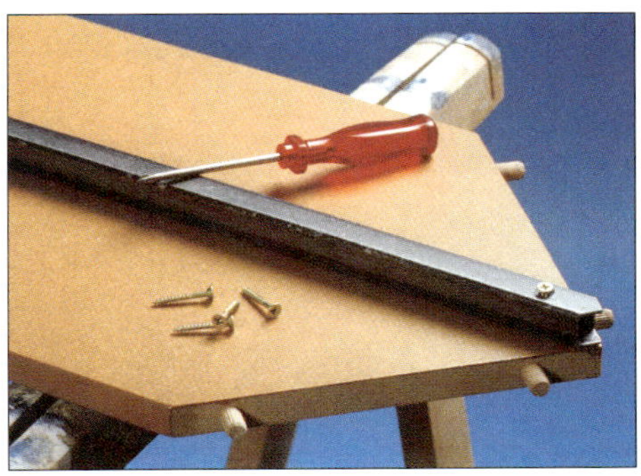

Vierkantstahlrohr schraubt man unter die Böden, wenn diese schwere Lasten tragen sollen. Sie beugen Durchhängen der Böden vor.

Holzteile verbinden

So werden Bretter und Kanthölzer fest miteinander verbunden. Hier wird das Untergestell eines Tischs mit Säule und Kreuzfuß gebaut. Gut sichtbar: die exakt ausgerichteten Dübel.

Das Dübelangebot: *Stäbe aus Buchenholz, einige mit Riffelung, als Stab oder vorgeschnitten. Daneben Winkeldübel aus Kunststoff.*

Die Bohrlehre *sorgt dafür, daß man immer exakt die Mitte der Brettkante trifft – eine wichtige Bedingung guter Verbindungen.*

mit Dübeln und Leim

Wenn Bretter und Latten zusammengefügt werden sollen, kommen Holzdübel zum Einsatz. Sie sind im Möbelbau unverzichtbar.

Das Dübeln zählt zu den ältesten Techniken der Holzverbindungen: Holzstäbe werden dabei in passend gebohrte Löcher in beiden Holzteilen versenkt und mit Leim fixiert. Die besonderen Eigenschaften von Dübelverbindungen: Sie sind mit einfachen und erschwinglichen Hilfsmitteln leicht herzustellen, sie bleiben am fertigen Werkstück unsichtbar und sind vor allem enorm haltbar. Den absolut exakten Bohrungen in beiden Teilen des Werkstücks kommt die wichtigste handwerkliche Bedeutung zu: Gedübelte Verbindungen passen nur exakt aufeinander, wenn sich die beiden Bohrungen genau gegenüberliegen. Man erreicht dies, wenn man sorgfältig mißt und anzeichnet oder wenn man die passenden Werkzeuge wie Dübelmarker oder Bohrlehren sachgerecht einsetzt. Auch selbstgefertigte Werkzeuge können gute Dienste leisten.

Nägel helfen, wenn kein Spezialwerkzeug zur Hand ist

Sind Bohrlehre und Dübelmarker einmal nicht verfügbar, kann man sich auch mit Nägeln behelfen: Sie werden in die Brettkante geschlagen und mit der Zange bis auf zwei, drei Millimeter abgekniffen. Fügt man beide Teile paßgenau zusammen, drücken sich die Nagelspitzen im anderen Werkstück ab und markieren so die gegenüberliegenden Bohrpunkte.

Umgedreht *und mit einer Führung versehen, fixiert die Bohrlehre den Holzbohrer für die Gegenbohrung in der Möbelbauplatte.*

Holzleim *wird sparsam in die Löcher gefüllt. Überschüssiger Leim quillt aus Loch und Fuge und wird sofort mit einem Tuch entfernt.*

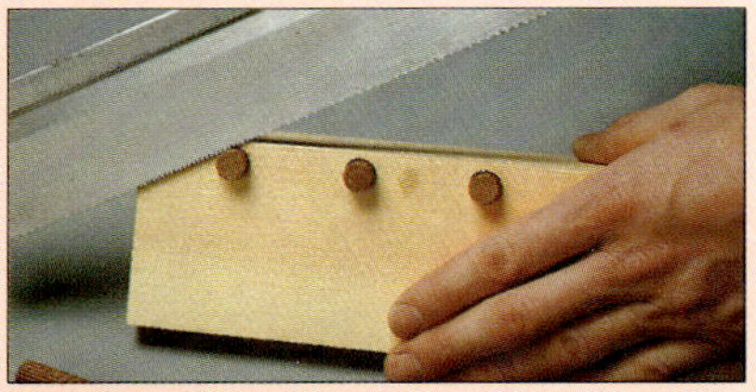

Sichtbare Dübel bieten eine reizvolle Optik

Nicht immer werden Dübelverbindungen unsichtbar angebracht. Man kann die Dübel auch wie Nagelköpfe aus dem Holz hervorschauen lassen, hier z. B. im Kontrast der Holzfarben von Mahagoni und Kiefer. Nach dem Einleimen werden die überstehenden Dübelteile mit der Feinsäge abgesägt und sorgsam bündig geschliffen.

Dübellöcher werden in den zu verbindenden Teilen stets als sogenannte Sacklöcher gesetzt: Sie sind wie ein Sack unten geschlossen. Die Bohrtiefe sollte die Hälfte der Dübellänge betragen plus einer Zugabe von 2 mm. Dieser Hohlraum nimmt überschüssigen Leim auf. Damit Dübel stramm sitzen und nicht wackeln, verwendet man Holzbohrer mit einem Durchmesser in Dübelstärke. Nach dem Bohren gibt man Leim in beide Löcher und schlägt den geriffelten Dübel auf einer Seite ein. Er schiebt den Leim vor sich her und preßt ihn zugleich durch die Kanäle der Riffelung aus dem Bohrloch. So wird der Leim gleichmäßig verteilt und eine stabile Verbindung geschaffen. Dann schiebt man das andere Bauteil auf die Dübel und preßt beide Teile mit Schraubzwingen oder anderen Vorrichtungen fest zusammen. Leim, der an den Sacklöchern oder in der Fuge zwischen den Bauteilen austritt, wird sofort mit einem feuchten Tuch abgewischt. Nach der erforderlichen Abbindezeit ist die Dübelverbindung voll belastbar.

Dübelmarker *übertragen die Bohrpunkte: Man steckt sie in die Bohrungen eines Bauteils und drückt die Spitze im anderen Bauteil ab.*

Die Dübelstärke *bestimmt die Größe der erforderlichen Dübelmarker: Sie müssen gut im Loch sitzen und dürfen nicht schlackern.*

Heimwerker – mit gutem Werkzeug.

Eine Bohrschablone *kann man sich aus Sperrholz leicht selbst anfertigen. Man klemmt sie mit einer Schraubzwinge rutschsicher fest.*

Zierköpfe *auf Pfosten werden mit Dübeln befestigt. Man verwendet extra lange und extra starke Dübel, hier sind es 10 mm Durchmesser.*

Gehrungen, *also winkelig gesägte Bauteile, kann man mit Winkeldübeln verbinden. Die Bohrungen gelingen mit dem Bohrmobil.*

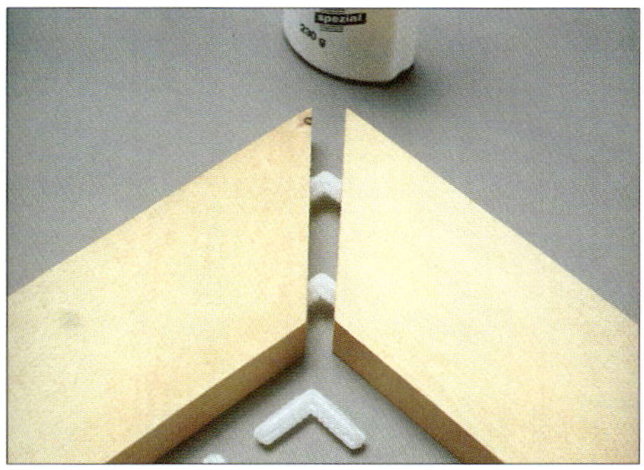

Lackleim *haftet auf Kunststoff. Deshalb ist er das richtige Material für Winkeldübel. Er wird beidseitig angegeben und bindet rasch ab.*

Das Bohrmobil, *ein ideales Zusatzgerät für die Bohrmaschine. Mit ihm gelingen exakt zentrierte, rechtwinklige und schräge Bohrungen.*

Gerade Holzdübel *können ebenfalls Gehrungen zusammenhalten. Die Löcher rechtwinklig zum Schrägschnitt besorgt das Bohrmobil.*

Schrank mit Drehtüren: Minimaler Platzbedarf

Ein Kleiderschrank im Selbstbau, eine lösbare Aufgabe: Den Korpus legt man nach Maß an, die Türen sind Fertigelemente.

Schränke vom Fußboden bis zur Decke und von Wand zu Wand, das sind oft kostspielige Anschaffungen. Denn auch jeder genormte Schrank muß den jeweiligen Platzverhältnissen angepaßt werden. Da kann man eigentlich schon selbst Hand anlegen, schließlich ist das Bauprinzip denkbar einfach: ein Korpus mit Sockel, Stollen und Abdeckung, Türen dran – mehr ist es nicht. Die Grundmaße sind bei jedem Schrank gleich: ideale Tiefe 60 cm, die Grundbreiten fertiger Türen betragen 40, 45, 50 und 60 cm.

So wird die Türfront aufgelockert: ein Segment ohne durchgehende Tür – z. B. mit Spiegel und Extrafach als Kosmetikplatz.

Mit genormten **Metallwinkeln** ist der

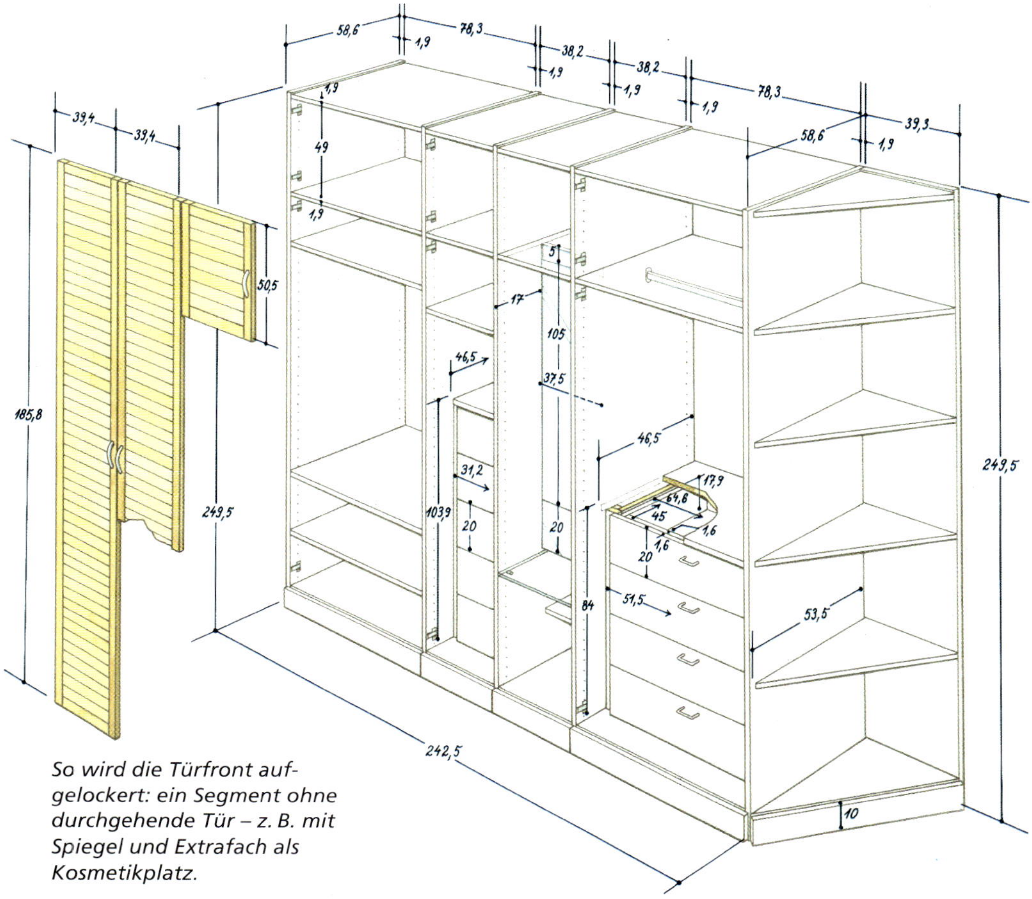

So wird die Türfront aufgelockert: ein Segment ohne durchgehende Tür – z. B. mit Spiegel und Extrafach als Kosmetikplatz.

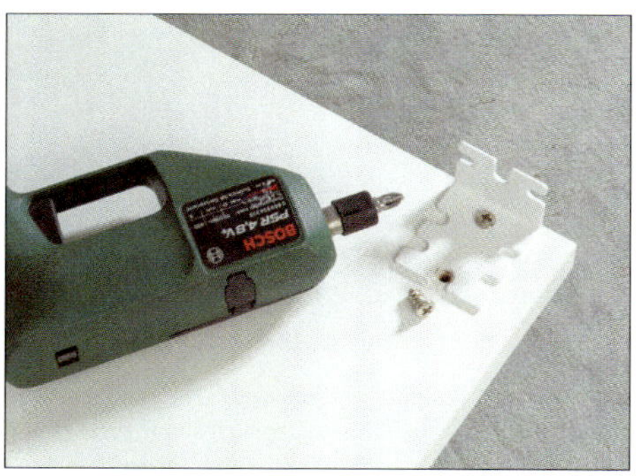

Als Eckverbinder am Korpus verwendet man Metallwinkel (sog. Euro-Winkel). Sie sind im 32er-Raster vorgebohrt und passen ideal.

Die Sockelblende wird an beiden Seiten mit Metallwinkeln befestigt. Die zweite Schraube ist für den Konstruktionsboden vorgesehen.

Zusammenbau eine leichte Sache.

Die sinnvollste Art, einen Einbauschrank zu konstruieren, ist, von den Grundmaßen auszugehen, die vorgefertigte Türen aufweisen. In diesem Beispiel beruht das Raster auf Türbreiten von 40 cm (s. Zeichnung). Genaugenommen beträgt die Türenbreite 39,4 cm, die zusätzlichen 6 mm sind für den stets notwendigen Spielraum zum Öffnen der Türen einzuplanen. So ergeben sich auch die Maße für die Inneneinrichtung des Schranks: Man kann Fachbreiten von 40 cm und 80 cm einplanen, wobei im letzten Fall Doppeltüren zum Einsatz kommen. Welche Höhen erreicht werden, hängt von der zur Verfügung stehenden Raumhöhe ab. Auch hier orientiert man sich zunächst am besten an den Maßen vorgefertigter Türen.

Werden die Grundschritte in der Breite größer als 40 cm geplant, so sollte man von doppelter Fachbreite absehen: die Fachböden, die aus 19 mm starken Platten in 90 cm Breite oder mehr erstellt werden, könnten sich bei größerer Belastung durch

Der Konstruktionsboden *wird eingehängt. Dafür greifen die vier Winkel an der Unterseite hinter zuvor eingedrehte Schrauben.*

Der Korpus *entsteht Segment für Segment, alle Verbindungen mit Winkeln. Die Senkrechten ständig prüfen und ggf. korrigieren.*

Das Ausrichten *geschieht mit Holzkeilen oder Hartfaserstücken. Das ist eine wichtige Arbeit, damit alle Türen später sauber schließen.*

Die Fachböden, *die den Schrank stabilisieren sollen, werden mit Winkeln verschraubt. Dann kommen die Türen an die Seitenwände.*

Mit richtigen **Beschlägen** für Türen und

***Eine Schablone** hilft beim Scharnier-Einbau. Sie liegt den Packungen bei. Mit einem Dorn wird die Ansatzstelle für den Bohrer markiert.*

***Ein Topfbohrer,** Durchmesser 35 mm, liefert präzise Löcher, in die die Scharniere kommen. Möglichst mit einem Bohrständer arbeiten.*

Industriell vorgefertigte Türen sind beim Schrankselbstbau die beste Wahl. Wollen Sie sie komplett selbst bauen, um eigene Gestaltungsideen zu realisieren, z. B. mit Kunststoffplatten, finden Sie Anregungen ab Seite 90. Viele vorgefertigte Türen bieten die Wahl zwischen beiden Seiten, wie auf diesen Fotos erkennbar wird: z. B. eine Lamellenseite und eine paneelförmig gestaltete Schauseite. Solche Türen sind folglich ohne Einbohrungen für die Topfscharniere, um dem Heimwerker freie Hand zu lassen, auch im Hinblick auf die Schrankhöhe: Die Türen können mit Hilfe einer Handkreissäge genau nach Maß gekürzt und mit einer Querleiste dann wieder komplettiert werden.
Auf Sockelblenden sollte man nicht verzichten. Sie steifen die Konstruktion aus (was bei eingebauten Rückwänden aus Hartfaser allerdings kaum mehr nötig ist) und geben die Möglichkeit, Unebenheiten des Fußbodens auszugleichen: Werden Seitenwände zum waagerechten Ausgleich unterkeilt, verdecken Sockel diese Stellen.

***Die Scharniere** werden an den Seitenwänden mit Schrauben festgesetzt. Die Stellschrauben ermöglichen das Ausrichten (s. Verpackung).*

***Schubladen,** etwa für einen zwischengesetzten Extrakasten, werden aus Spanplatte gebaut, die Seiten stumpf zusammengeschraubt.*

Schubladen wird der Schrank ein Profistück.

Ein Schrank nimmt Form an. Erhält er Beleuchtungselemente, verlegt man die Kabel besser vor dem endgültigen Zusammenbau.

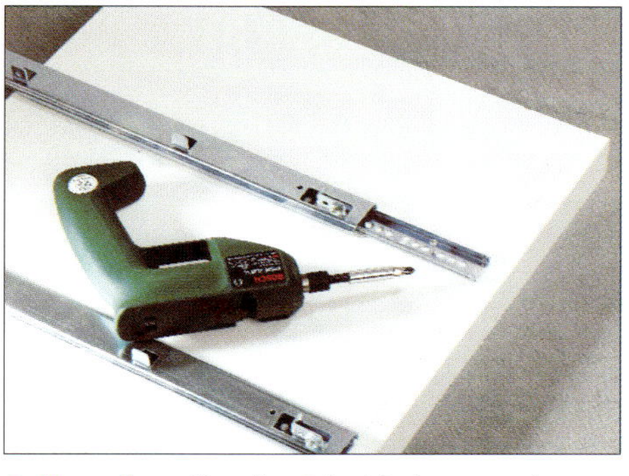

***Rollauszüge** für die Schubladen werden an den Innenseiten des Kastens und an den Schubladenseiten paßgenau verschraubt.*

***Der Extrakasten** für die Schubladen steht im Schrank: Er nimmt die Rollauszüge auf und wird durch einen Einlegeboden abgedeckt.*

Schönes Stück Arbeit: der

Auch wenn Trennwände zwischen Zimmern gefragt sind, kann man einen Schrank einbauen. Hauptsache, er wird stabil.

Eine Schrankwand, die ihrem Namen doppelt Ehre macht, ist ein wandhohes Staumöbel, das noch dazu als Raumtrenner fungiert. Daß eine Schrankrückwand durchaus als vollwertige Trennwand zwischen zwei Räumen dienen kann, zeigt dieses Baubeispiel, das einen Extrabadraum abtrennt. Entsprechend solide fällt die Bauweise aus: Der Schrank wird komplett mit Sockel, Seitenwänden und Rückwand aus 19 mm dicker beschichteter Spanplatte gefertigt. Dazu ein architektonischer Kniff: Statt die Schrankfront durch eine Zimmertür zu unterbrechen, wurde eine stabile Schranktür eingesetzt, durch die man ins Badezimmer gelangt.

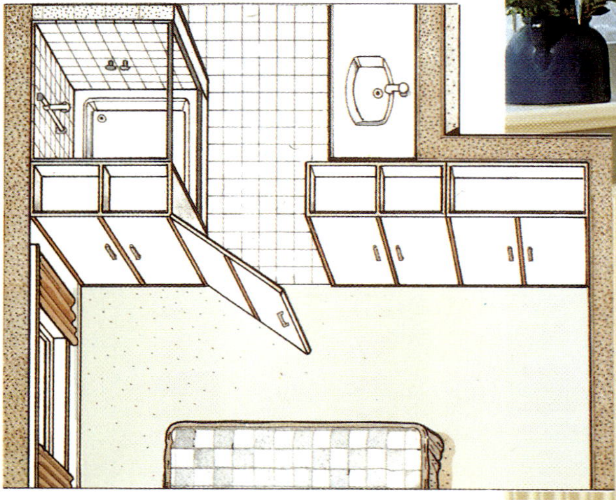

In der Zeichnung von oben wird deutlich: Der Einbauschrank ersetzt die Zwischenwand. Zum Bad geht es durch eine Schranktür.

Schrank als Raumtrenner

Durchblick zum Nebenraum. Um den Durchgang abzuriegeln, reicht eine solide Schranktür aus. Sie hängt in kräftigen Scharnieren.

Als Material für den Schrankbau nimmt man fertig beschichtete Spanplatten, die im Holzhandel zugeschnitten werden. Den Bedarf an Seitenwänden, Deckplatten, Fachböden und Blendleisten listet man zuvor sorgfältig nach der Konstruktionszeichnung auf und vermerkt die exakten Zuschnittmaße. Besser als mit den leistungsstarken Sägemaschinen von Holzhandlung oder Baumarkt kann man den Zuschnitt auf der Tischkreissäge nicht bewerkstelligen. So überläßt selbst der ambitionierte Selbermacher die Zuschnittarbeit dem Servicepersonal des Holzlieferanten. In der heimischen Werkstatt gibt es immer noch genug zu tun. So werden alle Seitenwände mit Bohrlöchern für die Bodenträger versehen. Mit einer selbstgefertigten oder einer gekauften Bohrlehre setzt man die Löcher im 32-mm-Abstand der Euronorm. Seitenwände und die festen Böden werden anschließend miteinander verschraubt. Nach der Fertigung des Sockels kann man die Rückwände einsetzen. Der Korpus steht schon einmal.

Die Löcher *für die Bodenträger werden mit der Bohrlehre gesetzt. Der Tiefenanschlag sorgt dafür, daß sie nicht zu tief geraten.*

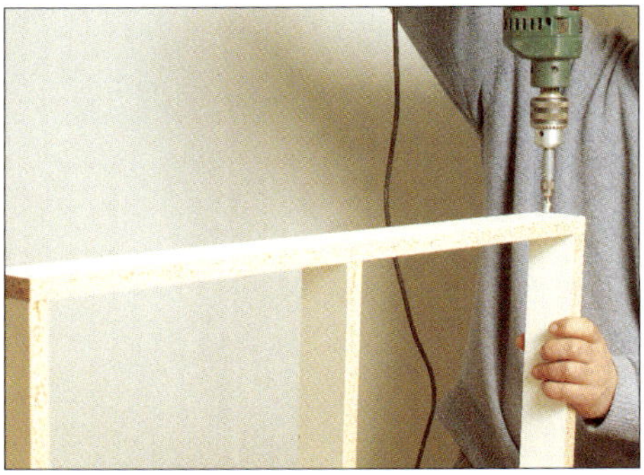

Der Schranksockel *wird aus 8 cm breiten Plattenstreifen zusammengesetzt. Schraubenlöcher vorbohren, Schraubenlänge: 5 cm.*

den Schrankbau nicht.

Blick in den Wäscheschrank. Die Fachböden sind teils fest mit den Seitenwänden verschraubt, teils ruhen sie auf Bodenträgern.

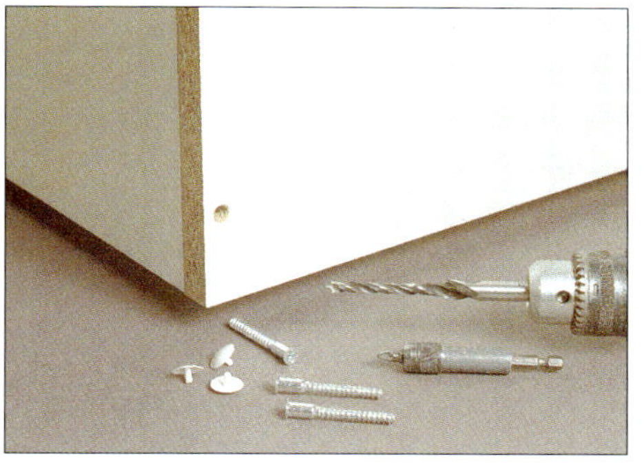

Ober- und Unterboden *werden mit Direkta-Verbindungsschrauben geschraubt. Zum Vorbohren Direkta-Stufenbohrer 5/7 verwenden.*

Die zweite Schrankseite *anfügen: mit Direktaschrauben von oben und unten, mit Spaxschrauben in den Mittelboden festschrauben.*

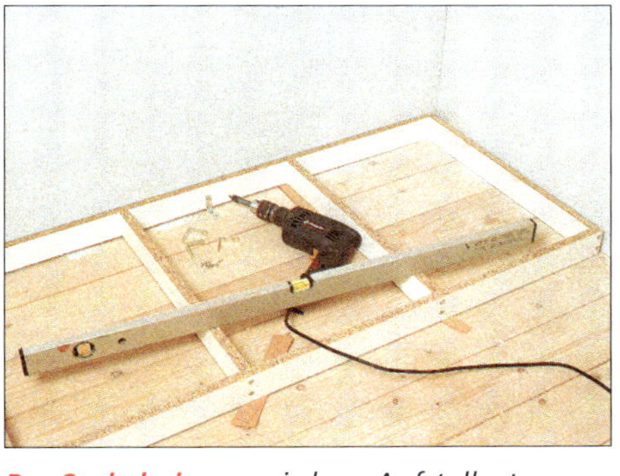

Der Sockelrahmen *wird am Aufstellort ausgerichtet: möglichst eine lange Wasserwaage dafür verwenden. Evtl. Holzkeile unterlegen.*

Die Schrankrückwand *wird aus 22 mm starkem Sperrholz zugeschnitten und eingesetzt. Mit Spaxschrauben in die Böden schrauben.*

Praktische **Topfscharniere** bilden die

Endmontage: Mit Schablonen und kleinen Tricks geht es leicht

Ebenso wichtig wie die exakte Vorplanung, der genaue Zuschnitt und die sorgfältige Montage sind die «kleinen» Montageaufgaben. Alle sichtbaren Schnittkanten bekommen Umleimer. Das sind entweder vorgeleimte Kunststoffstreifen zum Aufbügeln oder Leisten aus Massivholz, die man anleimt. Schon diese Arbeit erfordert ein wenig Zeit, da der Holzleim abbinden muß, bevor man mit der Montage z. B. der Türen fortfahren kann. Beim Beispielschrank wurden die senkrechten Türkanten mit Massivholzleisten versehen. Als Holzart wurde Esche gewählt, da auch die Beschichtung der Spanplatten eine eschenholzartige Struktur aufweist. Eine weitere Aufgabe ist das Einbohren der Scharnierlöcher. Jede Tür erhält wegen der großen Höhe des Schranks drei Topfscharniere. Mit einem Forstnerbohrer von 35 mm Durchmesser werden die Löcher eingesetzt. Damit sie senkrecht gelingen, arbeitet man am besten mit einem Bohrständer, an dem man auch die Bohrtiefe einstellen kann. Die genaue Position der Löcher ermittelt man mit einer Bohrschablone, die dem Scharnierset beiliegt. Die Durchgangstür wird schließlich aus zwei Platten zusammengesetzt, zwischen die man ebenfalls eine massive Eschenholzleiste leimt. Zur Stabilisierung kann man von hinten eine zusätzliche Sperrholzplatte anschrauben, die man – sollte sich ein Badezimmer anschließen – mit Lack versiegelt.

Die Rückwand zum Bad: immer wasserfest verfliesen

Kein Material eignet sich im Badezimmer so gut als Wasserspritzschutz wie Fliesen. Deshalb sollte man gerade bei einer Wandabtrennung aus Holzplatten auf eine Verfliesung der Schrankrückwände nicht verzichten. Diese sind dann ausreichend stabil und wasserfest. Der Installation einer Duschkabine wie im Beispiel steht bei verfliesten Wänden nichts im Wege.

Massivholzleisten *werden an die sichtbaren Kanten der Türen geleimt. Zum Fixieren der Leisten kann man Klebeband verwenden.*

Die Bohrlöcher *für die Topfscharniere werden mit dem Forstnerbohrer eingesetzt. Bohrständer verwenden, damit sie nicht schief werden.*

wichtigsten Beschläge.

Schranktür auf, schon ist man im Nebenraum, hier im Badezimmer. Die Bodenfliesen reichen dann bis nach vorn an die Schrankfront.

Als Wandabschluß *setzt man Blenden ein, die vom Schrankinneren durch die Seitenwände mit Spaxschrauben verschraubt werden.*

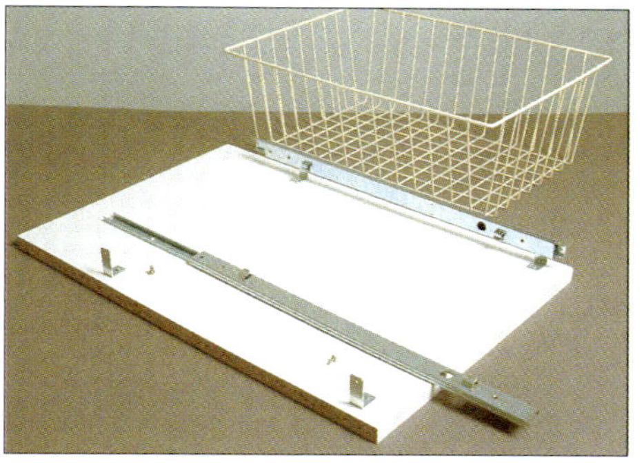

Drahtkörbe *für kleine Wäschestücke sind eine nützliche Ausstattung. Sie werden mit Kugelauszügen unter einem Fachboden montiert.*

Die Halteplatten *für die Scharniere werden in der richtigen Position festgeschraubt. An den Einstellschrauben kann man feinjustieren.*

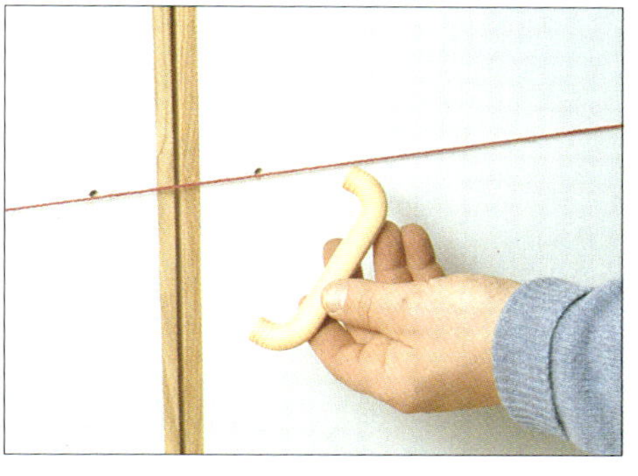

Die Türgriffe *kommen überall genau an die gleiche Stelle der Schranktür, wenn man eine Schnur auf Griffhöhe waagerecht ausspannt.*

Schrank mit Schminkplatz

Die Schrankwand und die Frisierkommode: Zwei Möbel werden eins, wenn man Planung und Bau selbst in die Hand nimmt.

Jede freie Wand ist wie geschaffen für einen Schrank. Und wer die Aufgabe in Eigenregie durchführt, wird die zur Verfügung stehenden Raummaße voll ausnutzen. Die heimwerkerische Virtuosität kann dabei schon bei der Planung voll zum Zuge kommen. Zu den Türen, die das Schrankinnere verdecken, könnte ein Element hinzukommen, das – wie in diesem Beispiel – wie ein herkömmlicher Schrank konzipiert ist, mit Rückwand und Seitenwänden. Dieser zusätzliche Bauteil läßt sich zum Beispiel als Schminkplatz gestalten, womit sogleich eine Reihe weiterer Details bestimmt wird: Ein Schminkplatz muß frei zugänglich sein, Schiebetüren wären also fehl am Platz. Deshalb sind Falttüren die ideale Lösung. Und der Clou des Schranks: die integrierte Beleuchtung.

Ein kleines Regal, ein großer Spiegel, davor eine Ablagefläche: Ein schöner Schminkplatz läßt sich in den Einbauschrank gut einfügen.

und Beleuchtung

Der feste **Nutzraum** hinter den Türen ist

Die Türen verdecken bei Bedarf den Schminkplatz, so daß eine einheitliche Ansicht entsteht. Daß sich dahinter ein separater Nutzraum verbirgt, ist von außen nicht zu sehen.

Maßtoleranzen ausgleichen

Die Breitenmaße einer selbstgebauten Schrankwand richten sich nach den zur Verfügung stehenden Türen. Hat man einmal einige Zentimeter Platz, die von den nach Norm produzierten Türen nicht abgedeckt werden, kann man Plattenstreifen in derselben Holzart als Blenden ansetzen, in der Zeichnung z. B. an den linken Seitenwänden in 10 cm Breite.

ideal als praktischer Schminkplatz.

Den Schminkplatz einrichten

Wenn ein aus Möbelbauplatten fest zusammengefügtes Element zum Einbauschrank hinzukommt, müssen dessen Dimensionen sehr sorgfältig geplant werden. Während die Schrankinneneinrichtung variabel ist, da sie mit Stahlschienen und Bodenträgern direkt an der Wand befestigt wird, konstruiert man das Schrankelement solide mit Seitenwänden und Rückwand. Zwar richten sich die groben Abmessungen nach den Breiten der vorgefertigt gekauften Türen, doch die Ausstattung des Schminkplatzes ist Maßarbeit, die sich nach individuellen Wünschen orientiert, so beim Miniregal und beim Beleuchtungselement. Einzig die Montagehöhe des Fachbodens, der als Ablagetisch eingezogen wird, ist so etwas wie ein internationaler Standard: Mit 70 cm liegt sie wenig unter der Normhöhe für Eß- oder Arbeitstische. So kann man sich bequem näher zum Spiegel hin beugen. Da hier alles stabil sein soll, werden die Teile des Schrankelements mit Verbindungsbeschlägen fest verbunden.

***Die Regalschienen** für die Inneneinrichtung werden verdübelt: eine Schraube eindrehen, ausrichten, restliche Schrauben festziehen.*

***Die Fachböden** des festen Schrankelements werden mit Eckverbindern an den Seitenwänden montiert: anzeichnen und verschrauben.*

***Quadratleisten** am oberen und unteren Fachboden dienen zur Wandbefestigung. Ist alles lotrecht ausgerichtet, werden sie verdübelt.*

***Mit Montageband** wird der Spiegel an der Schrankrückwand fixiert. Mehrere Streifen aufsetzen, Spiegel fest andrücken. Das hält.*

Die leichte **Aufhängung** der Falttüren

Nützliches Extra: ein Spiegel an der Wand neben dem Einbauschrank. Mit Zierleisten läßt er sich dem Gesamtbild gut einpassen.

Die Schranktüren, die in Baumärkten oder Holzfachhandlungen angeboten werden, gibt es in verschiedenen Höhen und Breiten. Am häufigsten sind Lamellentüren. Vielfach verfügen sie auf der Rückseite auch über eine Paneelabdeckung, die man ebenfalls als Schauseite verwenden kann. Für den Heimwerker besonders vorteilhaft: Vorgefertigte Türen sind Rohlinge. Das heißt, daß sie farblich nicht festgelegt sind und daß sie über keinerlei Beschläge verfügen. So bleibt für individuelle Gestaltung Freiraum, und die Türen lassen sich mit verschiedenen Beschlägen versehen: Mit Topfscharnieren werden Drehtüren daraus, Schiebetürbeschläge ermöglichen die platzsparende Türenvariante, oder man setzt die Türen als Falttüren ein wie in diesem Beispiel. Was den Platzbedarf angeht, bilden Falttüren eine Art Mittelweg: Sie schwingen nur etwa halb so weit auf wie Drehtüren und geben den ganzen dahinterliegenden Raum frei – was bei Schiebetüren nicht möglich ist. Die Anbringung von Falttüren erfordert Spezialbeschläge mit Drehlagern (Bild links). Sie müssen oben in Schienen laufen, so daß man bei der Schrankkonstruktion ein entsprechendes Element vorsehen muß, das diese Funktion übernehmen kann. Im Beispiel auf diesen Seiten wurde hierfür ein Extramontagekasten vor die Schrankwand installiert, der auch die Einbaustrahler aufnimmt. Am Boden wird eine Lagerplatte für den Drehbeschlag eingelassen. Schließlich sorgen kleine Drehscharniere an den Türen dafür, daß diese sich gleichmäßig auffalten, ohne zu verkanten.

gelingt mit richtigen Beschlägen.

Zierleisten aus Holz sind mit diversen farbigen Schienen zu kombinieren, unter denen man beispielsweise Schraubenköpfe verstecken kann.

Zum Kürzen der Lamellentüren *setzt man Abschlußleisten auf die Lamellen. Mit Leim einstreichen, andrücken und abbinden lassen.*

Beim Absägen *der Lamellentüren wird ein Brett als Hilfsanschlag rechtwinklig aufgeklemmt. Mit der Handkreissäge abschneiden.*

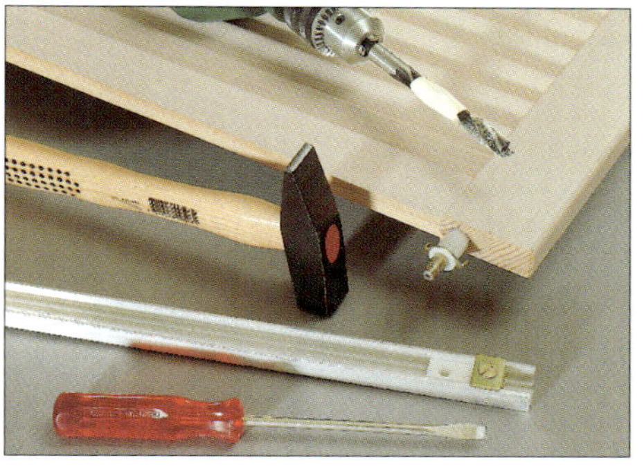

Für die Drehlager *werden nach Montageanleitung Löcher in die Türrahmen gebohrt. Die Lager mit dem Hammer sachte einschlagen.*

Die Bodenplatte *wird lotrecht unter dem oberen Drehlager am Boden festgeschraubt. Ihre Position und Höhe kann man nachjustieren.*

Zum Einhängen *der Tür das untere Drehlager in die Bodenplatte setzen. Das obere Lager federt, die Tür kann leicht eingehakt werden.*

Die Löcher für die Strahler werden mit der Stichsäge in die Blende gesägt. Die Positionen ergeben sich passend zu den Schrankabteilen.

Mit Montageplatten, die unter die Decke geschraubt werden, wird der Lichtkasten fixiert. Der Abstand zu den Schranktüren: etwa 4 cm.

Drehbar gelagerte Strahler eignen sich für den Einsatz bei Schränken. Sie können bei Bedarf ohne Werkzeug ausgerichtet werden.

Den Lichtkasten montieren

Strahler sind die beste Beleuchtung für Schränke. Sie haben ihre ideale Position an der Oberkante des Schranks. Mit ein wenig Abstand von der Schrankvorderkante angebracht, leuchten sie die Fachböden sehr gut aus. Besonders geeignet sind Einbaustrahler, da sie außerordentlich flach sind (die kleinste Größe liegt bei etwa 13 mm!) und auch noch bei geringem Abstand zur Zimmerdecke installiert werden können. Der Selbermacher plant also immer noch eine Installationsmöglichkeit für Strahler ein und bedenkt bei der Schrankmontage, daß die Kabel für die Beleuchtung rechtzeitig verlegt werden. Die einfachste Form des Strahlereinbaus ist ein Blende, die unter eine Latte geschraubt wird und vorn hervorschaut. Im Beispielschrank wurde eine Kastenform gewählt, da bis zur Decke mehr als eine Handbreit Platz bleiben sollte, der für eine dekorative Zierleiste als oberer Schrankabschluß nutzbar ist. Da auch die Führungsschiene der Falttüren mechanisch beansprucht wird, empfahl sich ein stabiler Aufbau aus Holzplatten (s. Zeichnung).

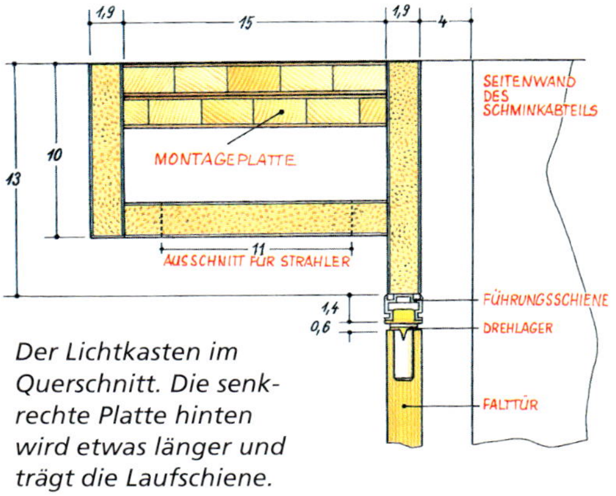

Der Lichtkasten im Querschnitt. Die senkrechte Platte hinten wird etwas länger und trägt die Laufschiene.

Scharniere für Türen gibt

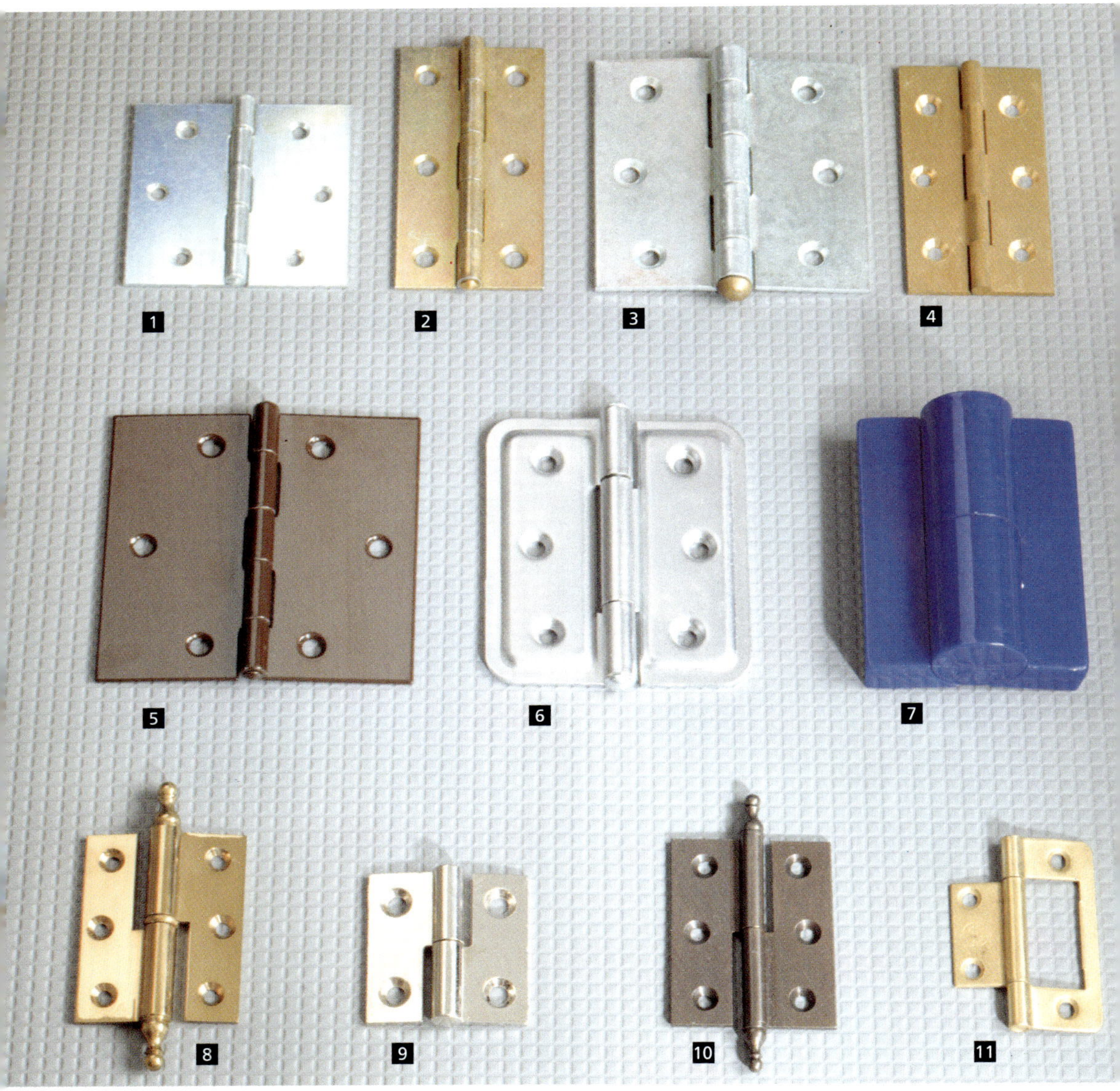

Scharniere und Bänder aus unterschiedlichen Materialien und mit verschiedenen Oberflächen: 1. weiß chromatiert, 2. gelb chromatiert, 3. verzinkt, 4. Messing matt, 5. pulverbeschichtet, 6. lackiert, 7. kunststoffummantelt, 8. Messing poliert, 9. Messing vernickelt, 10. Messing brüniert und 11. vermessingt. Sie werden entweder auf die Schrankseiten und Türen geschraubt oder auch eingelassen. Die jeweilige Größe der Scharniere und ihre Anzahl richten sich nach Maß und Gewicht der einzubauenden Schranktüren.

es in großer Auswahl

Möbeltüren kann man auf viele Arten anbringen. Die große Anzahl unterschiedlicher Beschläge bietet für jeden Stil eine Lösung.

Weitaus schwieriger als die Beschaffung oder auch die Konstruktion von Möbeltüren ist es häufig, die jeweils passenden Beschläge zu finden. Da jedes Scharnierprinzip auch ganz eigene konstruktive Voraussetzungen hat, ist es wichtig, die unterschiedlichen Beschlagformen zu kennen und je nach Bauart des Möbels einzusetzen.

So kann man Türen vor die Seitenwände setzen, dazwischen plazieren oder mit einem zusätzlichen Falz anlegen, so daß sie nur teilweise zwischen den Schrankseiten sitzen. Eine wesentliche Voraussetzung für die Wahl des richtigen Scharniers ist außerdem die Materialstärke von Türen und Schrankkorpus. Scharniere zum Einbohren beispielsweise passen nicht in eine Schranktür aus dünnem Sperrholz. Dagegen spielen stilistische Erwägungen eine untergeordnete Rolle. Ausschlaggebend ist weiterhin, ob Türen gegen die Seitenwände oder gegen eine Mittelwand gesetzt werden sollen.

Normale Scharniere haben einen einzigen Drehpunkt, der im Mittelpunkt des Scharnierstifts, also der Achse, liegt. Damit sind die Möglichkeiten der Türöffnung begrenzt. Treffen zum Beispiel bei der Mittelwand eines Schranks zwei Türen aufeinander, behindern sie sich gegenseitig. Durch Kröpfungen und weit vorstehende Scharniere kann der Drehpunkt aber auch nach außen verlegt werden. Bei manchen Möbelkonstruktionen, z. B. bei Küchenschränken, empfiehlt es sich, Sonderformen mit großem Drehwinkel zu wählen.

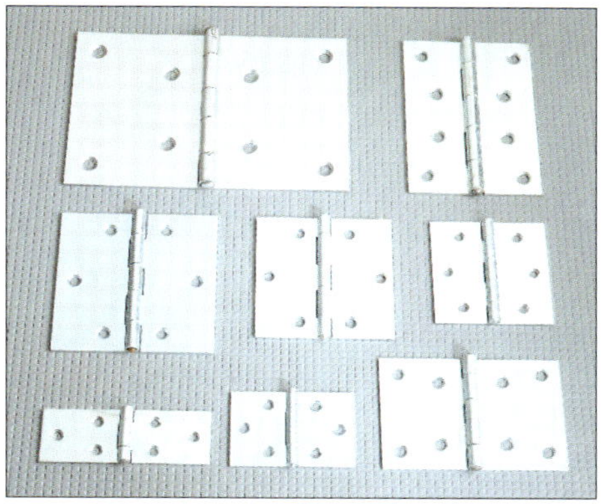

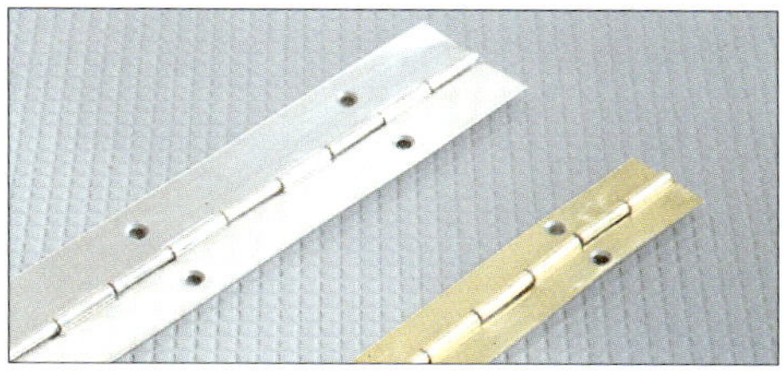

Einfache Scharniere aus dünnem Blech. Es gibt sie in verschiedenen Größen oder als Stangenscharnier, auch Klavierband genannt (unteres Bild). Diese Scharniere werden auf die Seiten und Türen geschraubt, ihre Bandrolle liegt außen (s. Zeichnung).

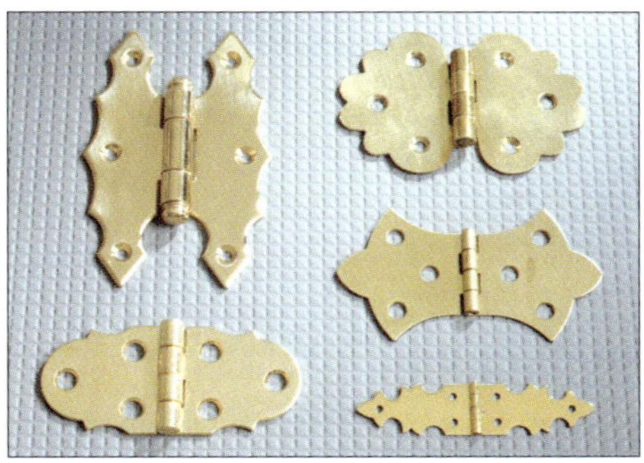

Zierscharniere werden dort montiert, wo die Bänder deutlich sichtbar in ein stilvolles Möbelstück eingebaut werden sollen. In den hier abgebildeten Ausführungen werden sie auf die Schrankseiten und die Türen aufgesetzt.

Von einfachen Bändern bis zu Topfscharnieren:

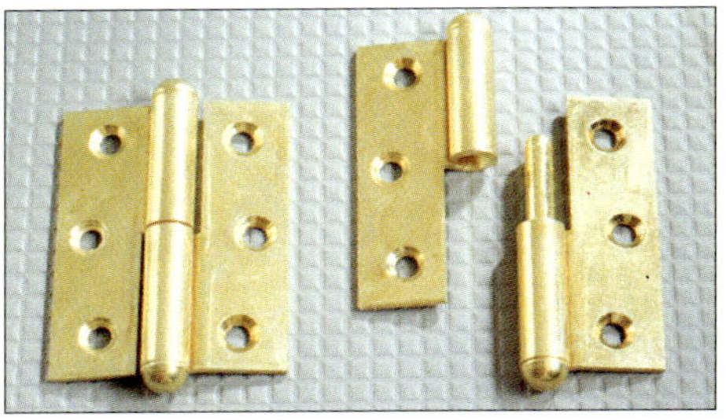

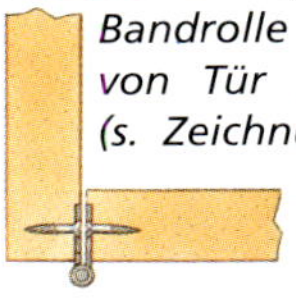

Gerade Einhängbänder mit dicker stabiler Bandrolle werden bündig in das Material von Tür und Schrankseite eingelassen (s. Zeichnung). Wichtig beim Kauf: Die Bänder gibt es für links und rechts angeschlagene Türen.

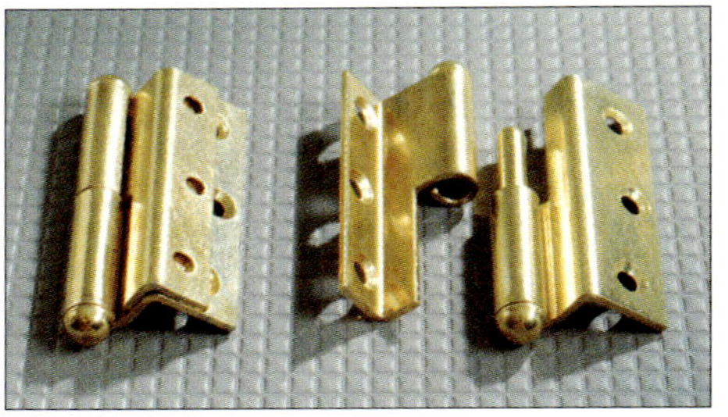

Gekröpfte Bänder kommen zum Einsatz, wenn die Türen, mit einem Falz versehen, teilweise eingelassen werden. Je nach den Falztiefen sind unterschiedlich ausgeprägte Kröpfungen einzusetzen.

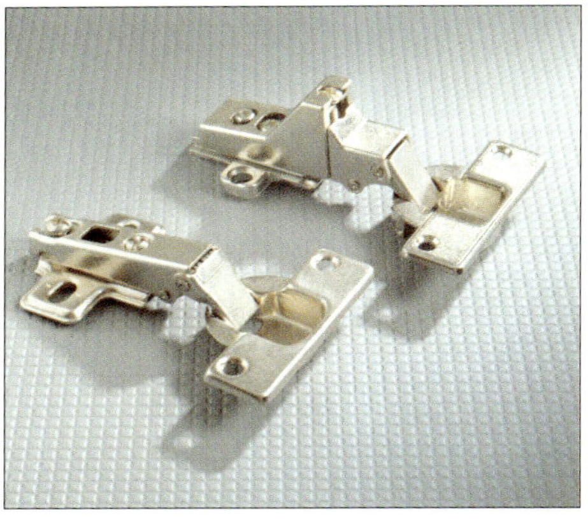

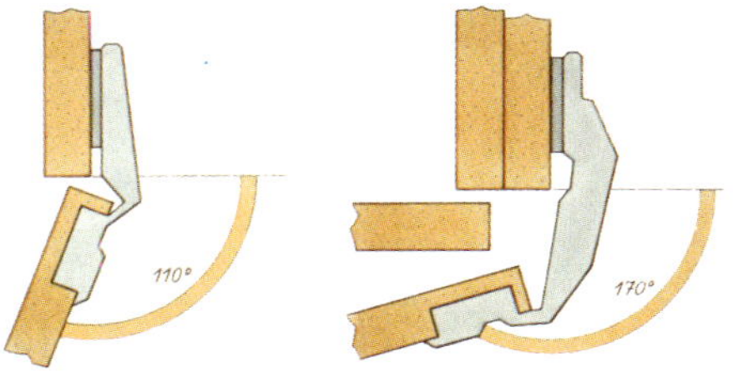

Die Drehwinkel von Topfscharnieren können unterschiedlich je nach Bedarf gewählt werden: hier ein normales Scharnier mit 110 Grad Öffnungswinkel (links) sowie ein stufenlos bis maximal 170 Grad einstellbares Scharnier. Einstellschrauben ermöglichen das Justieren. Hinweise dazu auf der Verpackung beachten.

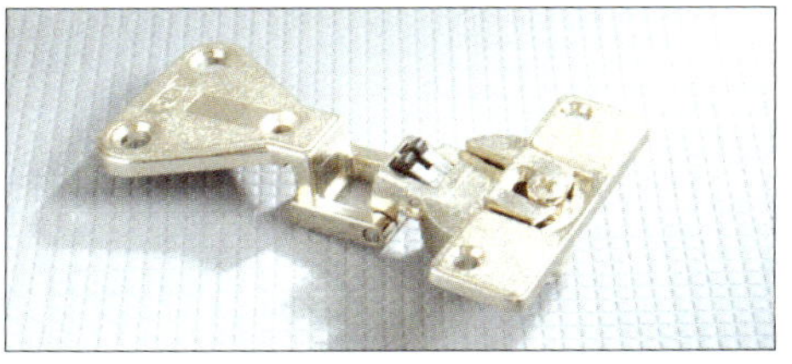

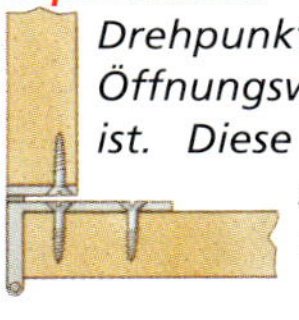

Topfscharnier mit Eingelenkmechanik. Der Drehpunkt liegt so weit außen, daß ein Öffnungswinkel von 270 Grad möglich ist. Diese Scharnierart ist von außen sichtbar (s. Zeichnung: links mit vorstehender Bandrolle).

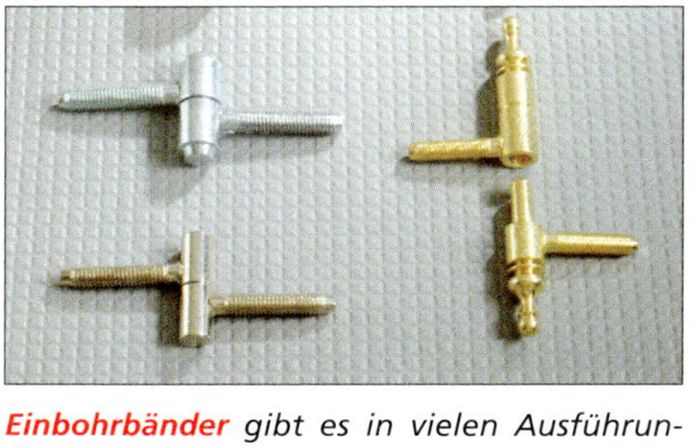

Einbohrbänder gibt es in vielen Ausführungen und Größen. Zum genauen Bohren der Löcher kann eine Schablone eingesetzt werden. In massivem Holz finden die mit Gewinde versehenen Zapfen den besten Halt.

Ideale Möglichkeiten, Türen anzuschlagen, bieten Topfscharniere. Sie sind zudem bei geschlossenen Türen nicht sichtbar. Bei diesen Beschlägen wird dank mehrerer Gelenke und Bewegungsarme der Drehpunkt der Tür so verlegt, daß es Modelle mit Öffnungswegen für fast jede Situation gibt. Der normale Öffnungswinkel eines Topfscharniers beträgt 95 Grad bis 110 Grad, es gibt auch Scharniere mit 180 Grad und bis 270 Grad. Topfscharniere haben ihren Namen vom Scharniertopf, der sich in der Tür befindet und in den der Gelenkhebel hineinschwenken kann. Für diesen Topf ist eine Bohrung von 35 mm Durchmesser und einer Tiefe von 15 mm nötig. An der Schrankseite sitzen diese Scharniere mit einer Montageplatte.

Aufschraubscharniere sind überall dort einsetzbar, wo keine Topfbohrung möglich ist. Durch das Unterlegen von Distanzplatten ist das Scharnier für Seiten- und Mittelwandanschlag zu verwenden. Es paßt sowohl für eingesetzte wie auch für vorgesetzte Türen. Eine spezielle Konstruktion der Gelenkteile ermöglicht es, daß sich diese Scharniere bei geschlossener Tür auf geringem Platz zusammenfalten (s. Zeichnung).

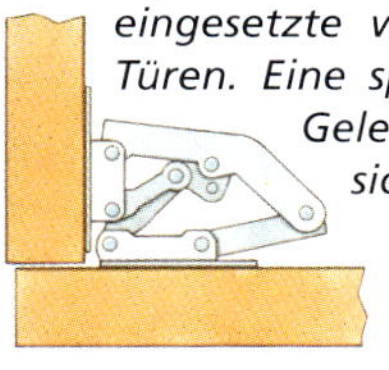

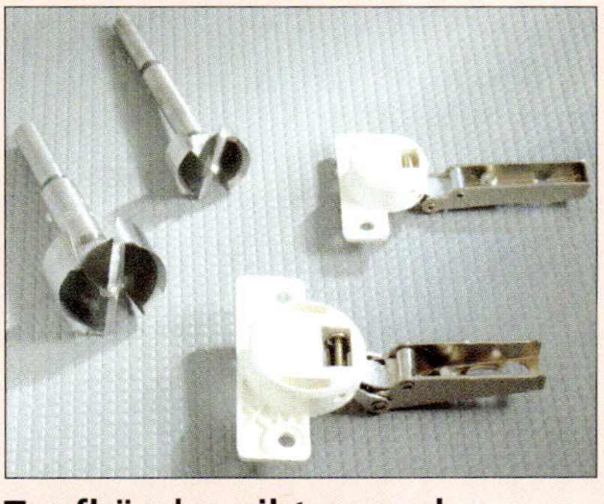

Topfbänder gibt es auch für schmale Rahmentüren

Normale Topfscharniere brauchen eine Bohrung von 35 mm Durchmesser. Hierfür ist eine Rahmenbreite von 50 mm nötig. Für schmalere Türrahmen gibt es auch Scharniere mit 25 mm Topfdurchmesser. Das Einlaßwerkzeug: spezielle Forstnerbohrer.

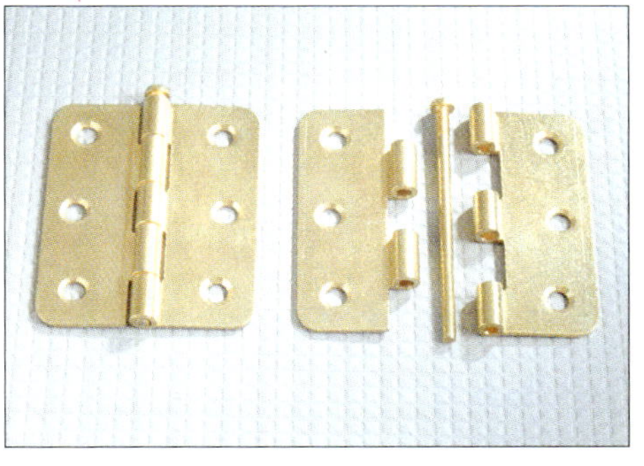

Teilbare Bänder erlauben es, daß die Scharnierplatten bei der Demontage des Möbels im Möbelteil belassen werden können. Statt dessen kann man den Stift herausziehen, der nur lose eingesteckt ist. Diese Bänder gibt es gerade und gekröpft.

Auf Maß: der Schrank von

Wenn man viel Stauraum braucht, ist der Einbauschrank genau das richtige. Sein großes Plus: Er paßt exakt von Wand zu Wand.

Stauraum kann man nie genug haben. Aber mit Kleiderschränken – und seien sie noch so geräumig – verschenkt man immer Platz an den Seiten und zur Decke. Mit einem selbsteingebauten Schrank kann man jeden Zentimeter ausnutzen. Der Trick dabei: Die Schrankinneneinrichtung besteht aus einem Regalsystem, das mit den Türen nicht verbunden wird und bis in den letzten Winkel ausgebaut werden kann. Die Türen werden dann einfach davorgesetzt: Sie laufen in Schienen, die auf den Boden und an die Decke geschraubt werden. Je nach den Türbreiten kann immer mal Platz übrigbleiben – er wird durch ein Regalelement gefüllt. Es wird dem verbleibenden Raum genau angepaßt und lockert die Türfront auf.

Türen und Möbelbauplatten gibt es in vielen Holzarten und Farben. So kann man alles Ton in Ton gestalten oder kombinieren (gr. Foto).

Wand zu Wand

Optimale **Anpassung** der Türen ist ohne

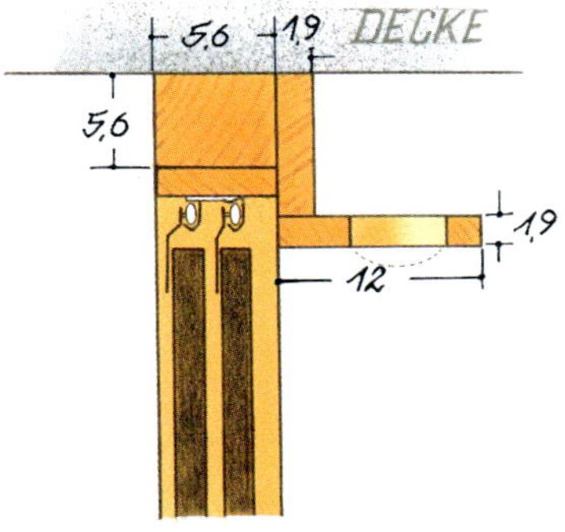

Türen und Möbelbauplatten gibt es in vielen verschiedenen Holzarten und Farben. So kann man alles Ton in Ton gestalten oder kombinieren.

weiteres möglich: mit der Handkreissäge.

Dekorbeschichtete Spanplatten *eignen sich gut für Schrankwände. Sie erhalten einen passenden Umleimer: aufbügeln, überstehende Kanten mit einem Kantenhobel entfernen.*

Lochreihen *für die Bodenträger im genormten Abstand von 32 mm machen die Bodenabstände variabel. Zum exakten Bohren verwendet man am besten eine Bohrlehre.*

Die Schubkästen *im Regalelement werden verleimt und zusammengeschraubt. Dann kommt eine Blende davor, die im Holz paßt. Der Einbau erfolgt mit Rollschubführungen.*

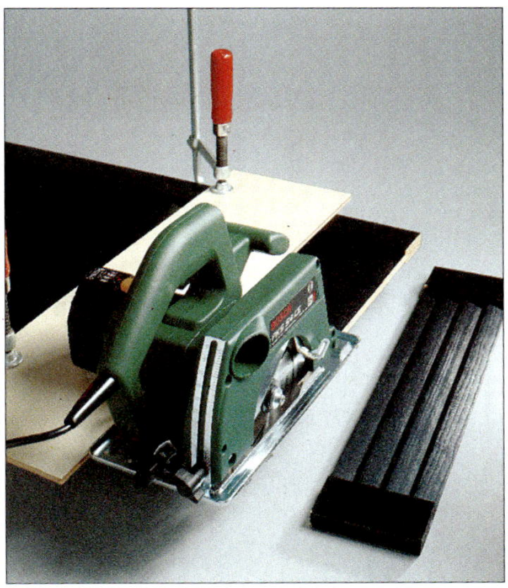

Die Türen *können problemlos auf das gewünschte Maß abgelängt werden. Als Führung für die Handkreissäge dient ein Hilfsbrett, das mit Zwingen festgeklemmt wird.*

Mit einbaufertigen **Holztüren** und Dekor-

***Abschlußleisten,** die genau in die Profilierung der Tür passen, bilden zusammen mit den Seiten einen Rahmen. Sie werden mit Lackleim fixiert: Zwingen ansetzen und zuklemmen.*

***Eine Doppeltür** entsteht, wenn zwei Türen stumpf miteinander verdübelt und verleimt werden. Mit Hilfsleisten und einer großen Zwinge pressen, bis der Lackleim trocken ist.*

Türen für den Möbelbau gibt es in Baumärkten in vielen verschiedenen Ausführungen. Es werden unterschiedliche Holzarten angeboten, Kiefer, Fichte, Buche, unbehandelt oder farblos endlackiert, als Lamellen- oder Profiltüren und auch als Rahmentüren, in die man Füllungen nach eigenem Geschmack einsetzt. Für Einbauten sind sie besonders geeignet, da es sie in diversen Abmessungen gibt, mit denen man etliche Gestaltungsmöglichkeiten hat: zwischen 43 und 252 cm in der Höhe und meist in drei Breiten (ca. 40, 50 und 60 cm).
Auch bei den Beschlägen hat man eine reichhaltige Auswahl, so daß man Türen als Dreh- und auch als Falttüren konstruieren kann. Schiebetüren bekommen Extrabeschläge: Schienen und Rollen.
Die Schrankeinrichtung ist denkbar einfach. Hierfür kommt ein System zum Einsatz, das aus geschlitzten Wandschienen aus Metall besteht, in die mit Haken versehene Träger eingehängt werden, die die Regalböden tragen. Auch Kleiderstangen etc. werden hier befestigt.

So werden Höhenunterschiede ganz leicht ausgeglichen

Zimmerdecken und Böden sind in den seltensten Fällen auf der ganzen Länge parallel. Die Türfront wird dann im Maß des kleinsten Abstands geplant. Wenn ein Kantholz zur Aufnahme der Führungsschiene für die Türen angeschraubt wird, kann man die sich ergebenden Fehlmaße durch Keile ausgleichen, die zwischen Kantholz und Decke geschoben werden.

Spanplatten nimmt der Schrank Gestalt an.

Das System: an der Wand die Trägerschienen, darin eingehängt die Bodenträger. Zwischenwände werden mit Winkeln an die Wand gedübelt.

Das offene Regalelement *bekommt einen Sockel. Mit Hilfe der Wasserwaage wird er ausgerichtet. Position und Größe ergeben sich aus den Abmessungen der anderen Segmente.*

Seiten und Böden *des Schranks werden über dem Sockel aufgebaut. Durch Keile wird er nötigenfalls nochmals senkrecht ausgerichtet. Bei Teppichboden später kontrollieren.*

Das Kantholz *wird als erstes an die Decke geschraubt und durch Unterkeilen ausgerichtet. Darunter kommt die Laufschiene für die Türen, dagegen die winkelförmige Blende.*

Die Seitenblende *wird mit Hilfe einer Dachlatte an der Wand befestigt: Erst die Latte an die Wand schrauben, dann die Blende davorsetzen und von hinten verschrauben.*

Der Türanschlag *sitzt rechtwinklig zur Seitenblende. Unter dem Kantholz an der Decke: ein vorstehender schmaler Boden für die Einbaustrahler. Die Kabel werden darauf fixiert.*

Die Fachböden *des Regalsystems liegen unverrückbar auf den Metallträgern. Entsprechend zu den Haltenasen bekommen die Böden an der Unterseite 6-mm-Bohrungen.*

Als Anschlag für die Türen werden links und rechts Dachlatten senkrecht gegen die Wände geschraubt. Daran befestigt man Blenden, die von hinten durch die Dachlatten festgeschraubt werden. Mit diesen Blenden kann man jetzt auch Wandunebenheiten ausgleichen oder schiefe Wände kaschieren. Die Dachlatte, die unter die Decke geschraubt wurde, dient zusätzlich als Aufnahme für eine schmale waagerechte Blende, in die man kleine Niedervoltstrahler einlassen kann. So wird die Schrankfront perfekt ausgeleuchtet.
Wenn es an die Ausgestaltung des Schrankinneren geht, machen sich die Vorteile der Einbauidee besonders bemerkbar. Da man alle erforderlichen Beschläge, Schienen, Bodenträger an der Wand befestigt, kann man auf eine Rückwand, die Seitenwände und auch auf die obere Abdeckung ganz verzichten. Platz ist also bis unter die Zimmerdecke. Und alles bleibt variabel. Einzig die senkrechten Wandschienen bleiben immer am Platz, ihre Position bemißt sich nach den Breiten der vorgesehenen Einlegeböden.

Noch mehr Platz sparen mit den richtigen Türen

Schiebetüren bieten nicht nur optisch eine interessante Ansicht. Sie sind obendrein äußerst praktisch, denn sie beanspruchen keinen zusätzlichen Raum wie Falt- und Drehtüren, die in den Raum hinein aufschwingen. Gerade in beengten Raumverhältnissen, beispielsweise bei geringem Abstand von Bett zu Schrank, sind Schiebetüren die beste Lösung.

Schrankstangenlager kommen dort unter die Böden, wo Kleiderbügel hängen sollen. Ein Ovalrohr wird mit der Metallsäge auf das gewünschte Maß abgelängt und eingehängt.

Schiebetüren werden nacheinander in die oberen Schienen eingehängt und an den Justierschrauben ausgerichtet. Am Boden werden sie von einer Bodenführung gehalten.

Der Einbauschrank

im Flur löst viele Probleme

Was sich hinter einem Schrank verbirgt, weiß nur sein Erbauer. Rohrschächte und Mauervorsprünge lassen sich gut kaschieren.

Daß selbstentworfene Einbauschränke nicht nur Platzprobleme optimaler lösen als Möbel aus dem Einrichtungshaus, sondern daß sie auch bauliche Mißlichkeiten besser integrieren können, zeigt sich meist, wenn es wirklich eng wird. In kleinen Apartments beispielsweise bietet sich häufig nur der Flur für einen voluminösen Schrank an. Doch befinden sich gerade in diesem Raum die meisten Ecken und Winkel, Rohrleitungen und Installationen. Kein Problem für den Schrank Marke Eigenbau. In diesem Beispiel wurde der schmale Flur sogar optisch vergrößert.

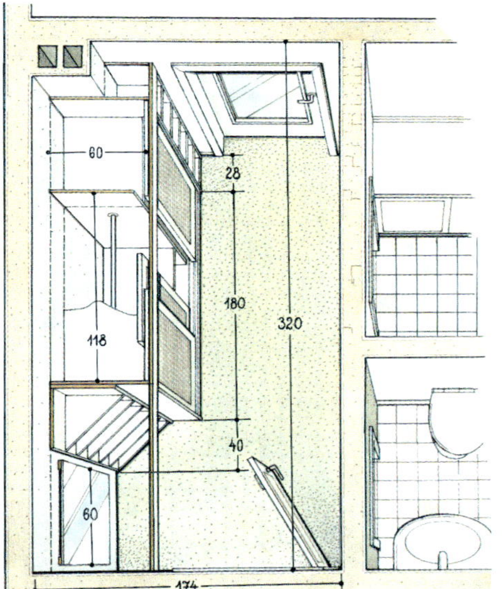

Nicht viel Platz für einen Schrank. Ein Trick ist hier die Umbauung des Lüftungsschachts.

Eine Bohrlehre, *für die man ein Brett nehmen kann, wird auf den Seiten festgespannt. Dann die Löcher für die Bodenträger exakt bohren.*

Einbaustrahler *leuchten den Türbereich aus. Die Platte, in die sie eingelassen werden, erhält entsprechende Löcher mit der Stichsäge.*

Konstruktion auf dem Papier

Für den Selbermacher beginnt die Arbeit am Schrank mit Millimeterpapier und Bleistift. Auf einer Zeichnung werden alle baulichen Gegebenheiten des Raums festgehalten. Im Beispiel ergab sich für den Einbauschrank die Tiefe von 60 cm und eine Breite von 180 cm. Vor den Lüftungsschacht (in der Zeichnung oben links) wurde ein Regal gesetzt. Im Bereich der Eingangstür war kein Schrankbau möglich. Um hier dennoch eine nützliche Möblierung zu haben, wurde ein Eckregal konzipiert. Es hat zusätzlich eine ästhetische Funktion, da es die Schrankwand abdeckt und harmonisch in die Flurverengung überleitet. Ein mit 180 cm Höhe und 60 cm Breite wuchtig ausfallender Spiegel läßt den Eingangsbereich sogar noch größer wirken und spielt über die Verengung, die der Schrank erzeugt, wirkungsvoll hinweg. Und zuletzt: Alle sonstigen Türen des Flures lassen sich nach wie vor gut öffnen. Als Material wurden im Holzhandel 19 mm dicke beschichtete Spanplatten und Lamellentüren bestellt.

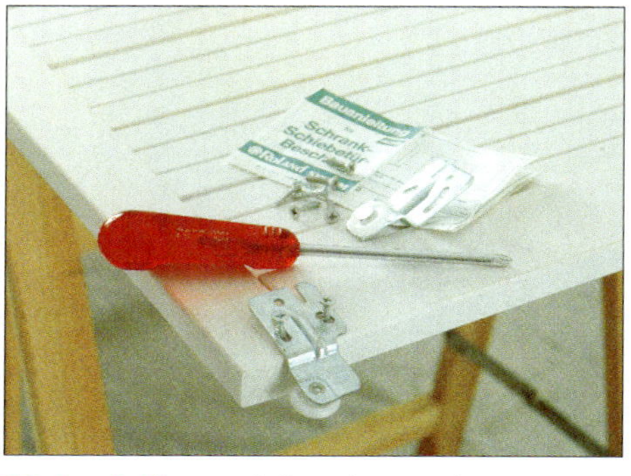

Die Laufrollen *und die Schienen für die Schiebetüren nach Anleitung festschrauben. Die Bleche mit den Rollen kommen an die Türen.*

Das Eckregal *montieren: Eine Spezialzwinge fixiert die Rückwände (vorn), Sockel und Böden werden von der Rückseite verschraubt.*

kleines Regal.

Eine gute Lösung: Das kleine Bücherregal rechts deckt einen vorspringenden Lüftungsschacht ab. Es hat eine geringere Tiefe und ist ein Element, das die Schrankfront optisch auflockert.

***Das Sockelbrett** erhält vorn eine Blende und hinten ein gleich hohes Stützbrett. Die Seitenwände werden mit Eckverbindern montiert.*

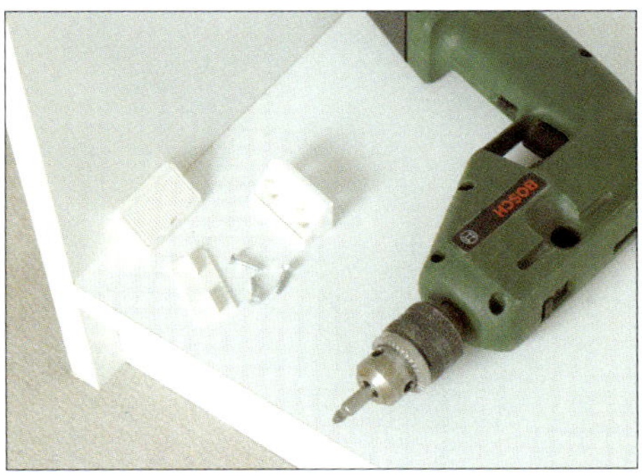

***Die Kunststoffeckverbinder** machen die Montage leicht: Auf den Sockel geschraubt, halten zwei weitere Schrauben die Seitenwände.*

***Die Laufschiene** für die Türen wird an die überstehende Deckenplatte geschraubt. Die Überkopfarbeit erleichtert ein Akkubohrschrauber.*

***Der Spiegel** bleibt sicher an der Wand, wenn man ihn mit Klebeband an zwei Trageleisten befestigt. Zum Montieren Bücher unterlegen.*

Schiebetüren und Einbaustrahler

Eine weitere Entscheidung für einen Einbauschrank, der viel Platz schafft und möglichst wenig Raum verschenkt, fällt bei der Wahl der Türen. Da Drehtüren nach vorn ausschwingen, kommen sie bei schmalen Räumen nicht in Frage, da man sich dann an den offenstehenden Türen stets vorbeischlängeln müßte. Die beste Lösung sind einmal mehr Schiebetüren. Zwar decken sie immer einen Teil des Schranks ab, mal links, mal rechts, doch versperren sie nie den Raum vor dem Schrank. Außerdem bieten sie eine etwas lockerere Frontansicht, da – bei drei Türen – eine zurückspringt. Die zweite Maßnahme zur optimalen Flurgestaltung wird dort getroffen, wo kein Schrank mehr steht: im Bereich der Hauseingangstür. Da hier meistens auch noch andere Räume abgehen, im Beispiel war die Toilettentür zu berücksichtigen, wurde eine raumvergrößernde Lösung realisiert: Eine Deckenplatte verlängert den Schrank optisch und nimmt Halogenstrahler auf, die in diesem eher dunklen Bereich für Licht sorgen.

***Die Deckenplatte** im vorderen Bereich liegt an einer Seite auf der Schrankwand auf, die andere kommt mit Winkelkonsolen an die Wand.*

***Die Schiebetüren** werden zuerst mit den oberen Laufrollen in die Schienen gehängt. Dabei hintere und vordere Türen nicht verwechseln!*

und ein großzügiger Spiegel.

Optische Tiefe im Haustürbereich: Hier ist kein Platz für den Schrank, doch das Eckregal leitet zur Schrankfront über. Großzügig fällt der Spiegel aus, der den Flurraum größer erscheinen läßt.

Die Montagebleche für die unteren Gleitlager kann man mit der Eisensäge kürzen. So kommen die Schiebetüren noch weiter nach vorn.

Den Schrankoberboden verdeckt ein schmaler Plattenstreifen, der festgeschraubt wird. Plastikkappen kaschieren die Schraubenköpfe.

Wer Schränke konstruiert und selbst zusammenbaut, muß auch vor dem Bau von individuellen Schranktüren keine Angst haben.

Mancher mag davor zurückschrecken, ausgerechnet die ständig sichtbaren Schauseiten seines Schranks selbst zu bauen. Aber wer etwas ganz Besonderes haben möchte, kommt um den Selbstbau nicht herum. Dabei stellen Türen noch eine der leichteren Aufgaben beim Schrankselbstbau dar, denn im Prinzip sind sie nichts anderes als rechteckige Platten, meist aus Holz, die mit zwei oder mehr Scharnieren an der Schrankseitenwand angeschlagen werden. Eine Möbelbauplatte auf Maß herzustellen ist tatsächlich eine leichte Aufgabe. Daß sich selbstgebaute Türen verwerfen könnten, ist bei den heutzutage gebräuchlichen Materialien kaum zu befürchten. Einen stabilen Leistenrahmen erhalten aber alle Türen, die nicht aus Holzwerkstoffen oder dünnem Material gefertigt werden: zur Stabilisierung und zur Aufnahme der Türscharniere – Näheres auf den folgenden Seiten.
Beim Selbermachen von Schranktüren sind also vor allem gute Ideen gefragt – oder gute Anregungen. Hier sind sechs Beispiele zum Inspirieren.

1 *Eleganz erhält eine Multiplexplatte in Buche durch eingelassene Löcher.*

Schnittig **2** *wird eine MDF-Platte durch flächenbündige Aluminiumbänder.*

Schranktüren:

3 Brettchen aus Sperrholz machen die lackierte MDF-Platte attraktiv.

4 Einen Touch von Natur bringt Wellpappe auf die Spanplatte.

Es geht **5** auch ohne Holz: Diese Tür besticht durch Stegplatten aus PVC.

Einen rauhen **6** Look zeigt die dünne und leichte Lochplatte aus Hartfaser.

individuell durch Eigenbau

1 Ein paar Löcher mit großer Wirkung

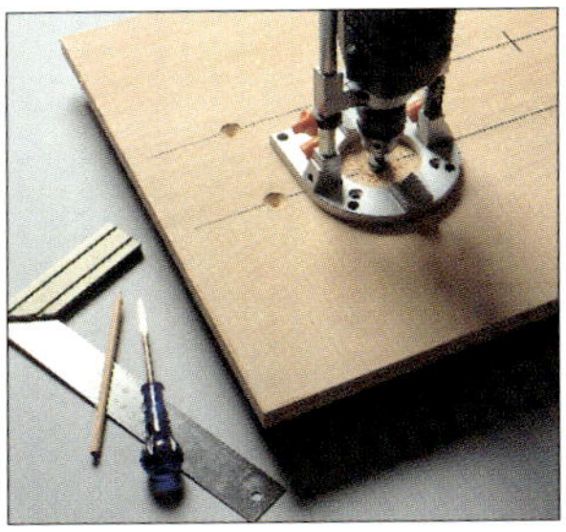

Ein paar Löcher in eine Holzplatte bohren, das ist die wichtigste Arbeit für diese Türvariante. Die Löcher sollten so exakt wie möglich in die Holzoberfläche gesetzt werden, damit die Tür gut aussieht. Man verwendet dafür am besten ein Bohrmobil als Zusatz für die elektrische Bohrmaschine. Auf der 21 mm starken Multiplexplatte (hier mit Buchenoberfläche, es können aber auch andere Holzarten gewählt werden) markiert man zunächst die Positionen der Löcher. Im Beispiel sind sie quadratisch angeordnet.
Mit dem Senker, *einem Vorsatz für die Bohrmaschine, der auch Krauskopf genannt wird, entstehen kegelförmige Löcher. Die Bohrtiefe beträgt etwa 15 mm. Alle Bohrungen sollten gleich tief geraten. Hierbei hilft die Justiereinrichtung des Bohrmobils. Die Bohrlöcher anschließend mit Schleifpapier säubern und das Ganze mindestens zweimal mit Klarlack versiegeln.*

2 Schöner Kontrast: Alustreifen in Holz

Um die flachen Aluminiumstreifen genau parallel zur Türkante einzusetzen, führt man die Oberfräse am besten in den Bahnen eines selbstgefertigten Fräsmodells (Foto oben). Die Aussparung dieser Fräslehre richtet sich nach der Grundplatte der Oberfräse.
MDF-Platte *ist das beste Material für die Fräsnuten, deren Kanten schön gerade werden sollen. Das Fräsmodell wird mit Zwingen auf der Platte fixiert.*
Die Aluminiumstreifen *werden nach dem Fräsen in den Nuten mit Kontaktkleber eingesetzt (Foto unten). Ein edles Finish erhält diese Tür durch einen ganzflächigen Überzug mit Klarlack.*

3 Der Effekt von Farbe und Holz

Ein Kassetteneffekt, den man einfacher kaum herstellen kann: mit Brettchen aus Sperrholz in 4 mm Stärke, die man passend zusägt, im Beispiel auf 10 × 10 cm.
Mit Acryllack *in Seidenglanz gibt man der Tür zunächst die Grundfarbe. Der Anstrich auf der 19-mm-MDF-Platte wird nach dem Trocknen angeschliffen und ein zweites Mal ausgeführt. Mit einer Schaumgummirolle wird der Zweitanstrich besonders gleichmäßig.*
Die Brettchen *mit Nitrolack streichen, dann auf die mit Leim bestrichene Fläche drücken. Für die richtigen Abstände sorgen Holzstreifen, die man mit Zwingen fixiert. Damit die Brettchen auf der Lackfläche halten, verwendet man einen Spezialleim für Holz auf lackierten Flächen. Zusätzlich werden die Brettchen mit zu zwei Drittel eingeschlagenen Drahtstiften fixiert, die man nach Aushärten des Leims entfernt. Die Löcher kittet man abschließend mit Wachs aus.*

Heimwerkstatt sind schöne Unikate.

4 Alternative aus Pappe: der Öko-Look

Wellpappe, in diesem Fall sogenannte Micro-Wellpappe, gibt es in Platten von 120 × 140 cm. Bei größeren Flächen stückelt man an. Bei diesem Material ist davon nichts zu sehen.
Eine Spanplatte *in 19 mm Stärke reicht als Träger für die Wellpappe aus. Sie wird vollflächig mit Leim bestrichen. Dann kommt die Wellpappe darauf. Das Ganze wird zum Aushärten mit einer zweiten Platte beschwert (Foto oben), die Kanten mit einem Cuttermesser bündig geschnitten.*
Flache Holzleisten *werden als Kantenschoner angeleimt und angestiftet. Leisten und Pappe bekommen dann mehrere Klarlackanstriche.*

5 Hell und modern durch Transparenz

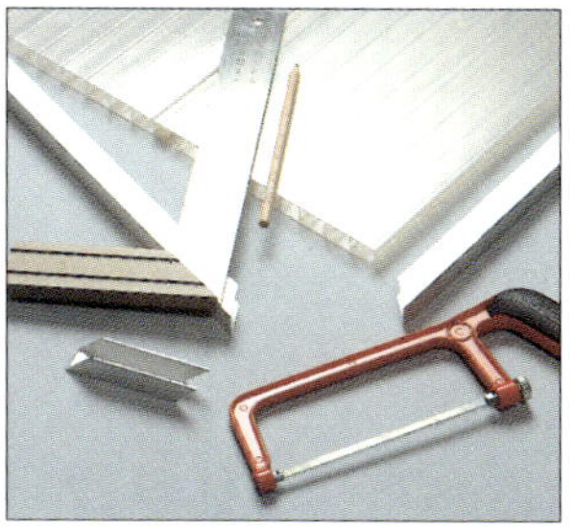

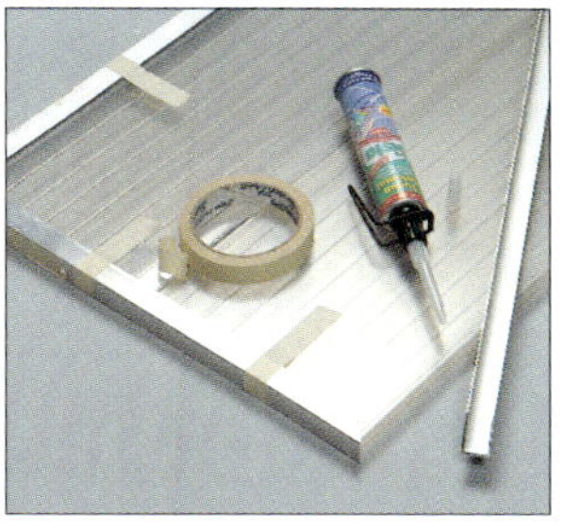

Stegplatten aus PVC sind ein gebräuchlicher Werkstoff. Sie sind stabil und lassen sich gut verarbeiten. Sie werden in Breiten von 20 cm angeboten, so daß man für Schranktüren zwei, ggf. auch drei Platten mit Nut und Feder zusammendrückt.
Aluminiumschienen *mit U-Profil bilden den Rahmen. Sie werden mit der kleinen Eisensäge auf Gehrung zugeschnitten (Foto oben).*
Mit Silikon *klebt man die Aluschienen an und fixiert sie bis zum Aushärten mit kräftigen Klebestreifen (unten). Überschüssiges Silikon wird nicht weggewischt, sondern nach dessen Aushärten mit einem Cuttermesser vorsichtig entfernt.*

6 Leicht und luftig: Hartfaser hat Stil

Hartfaserplatten gibt es in Baumärkten und im Holzfachhandel. Sie sind nur wenige Millimeter dünn, weshalb sie – gemessen an MDF oder Leimholz – leichte Türen abgeben. Allerdings wölben sie sich, weshalb man sie auch bei kleinen Türmaßen mit Massivholzleisten verstärkt. Das restliche Material: eine Handvoll kleiner Nägel und Leim.
Die Quadratleisten *mit den Maßen 20 × 20 mm werden mit einem dünnen Holzbohrer (1 mm) an den beiden Enden vorgebohrt. Sonst würden sie sich spalten, sobald man einen Nagel hindurchhämmert. Die Leisten werden stumpf zusammengeleimt und mit Nägeln zusätzlich fixiert. Um dem Rahmen mehr Stabilität zu geben, kann man – je nach Größe der Schranktür – Querleisten einfügen, die die Konstruktion verstärken. Dann wird reichlich Leim angegeben, die maßgenau zugeschnittene Hartfaserplatte aufgelegt und mit Drahtstiften festgenagelt.*

Griffe, die schön
sind – und praktisch

Praktisch in der Funktion, schön in der Form: Für Möbelgriffe gilt dieser Grundsatz ebenso wie für die Schrankkonstruktion. Der Auswahl geeigneter Griffe sollte man durchaus Aufmerksamkeit schenken. Wichtigstes Kriterium: Griffe müssen sich gut fassen lassen und dürfen beim Ziehen den Fingern nicht entgleiten. In zu flachen Bügelgriffen können sich die Finger verhaken, bei zu kleinen Knöpfen wird das Aufziehen z. B. von gut gefüllten Schubkästen zur Anstrengung. Die hier abgebildeten Kunststoffgriffe sind in Baumärkten und in Einrichtungshäusern erhältlich.

Edle Griffe: die Highlights am Schrank

Bei diesen edlen Griffen steht Schönheit im Vordergrund. Doch sie erfüllen auch die Funktion ausgezeichnet. 1. Griffstange aus massivem Edelstahl. 2. Gummiringe am Edelstahlgriff. 3. Ein Knaufgriff mit Ring aus Glas. 4. Stahlgriff mit Büffelhornröhrchen. 5. Konischer Knopf mit gummiertem Quersteg. 6. Griffknopf mit handgewickeltem Glasteil. 7. Designerknöpfe aus Aluminium und Edelstahl. 8. Kunststoffknopf mit Zierring. 9. Designerknopf von Philippe Starck. 10. Ergonomisches Modell aus Edelstahl. 11. Tropfenförmiger Knopf in Aluminium. 12. Verchromter Knopf mit Kunststoff. 13. Stange mit terrazzofarbenem Griff. 14. Griffstange aus massivem Edelstahl. 15. Knopf mit Kunststoffkugel. 16. Knopf in Mattchromausführung. 17. Kugelförmige Knöpfe aus Kunststoff. 18. Griffstange mit vernickelten Seitenteilen. 19. Büffelhorngriff mit punktförmigem Muster. 20. Griff und Knopf aus Büffelhorn. 21. Ergonomisch geformtes Griffstück, vernickelter Stahl. Hersteller und Lieferanten: 1, 2, 3, 4, 5, 6, 8, 14, 15, 19, 20 = Cardiac über Innovation, 83512 Wasserburg. 7, 9, 10, 11 = FSB, 33034 Brakel. 12, 13, 16 = Jado, 63322 Rödermark. 17, 18, 21 = Union Pro Form, 33689 Bielefeld.

AEG
12 VOLT
POWERPACK
Total
geladen!
Die neuen AEG
Akku-Bohrschrauber
BS2E 12 T und
BS2E 9.6 T
mit Mittelhandgriff
überzeugen sowohl
in Leistung als auch
in der Ausstattung.
Mit Hochleistungs-
elektronik, QUICKSTOP-Motor-
bremse, 7stufiger Drehmoment-
vorwahl, synchronisiertem
Zweigang-Planetengetriebe,
Schnellspannbohrfutter und vielem mehr...
AEG
12 VOLT
POWERPACK
12 MONATE GARANTIE
GÜLTIG AB DEM 01.10.1995 KAUFDATUM
Jetzt zum Einführungspreis incl. zweitem
Wechselakku und 1-h-Impuls-Ladegerät
AEG – Werkzeug erster Klasse.

Ein Regal für die Dachschräge in Modulbauweise

Bitte ausreichend frankieren

An
Leser-Service
SelberMachen
Postfach 60 12 20
22212 Hamburg

1 Ich möchte SelberMachen im Probe-Abo. Liefern Sie mir die nächsten 3 aktuellen Hefte für 10 statt 15 DM. Wenn ich nach Erhalt des 2. Heftes nicht schriftlich absage, beliefern Sie mich bitte im Jahres-Abo weiter. 12 Hefte im Jahr für 64,80 DM inkl. Zustellkosten (Ausland 74,40 DM). Ich kann jederzeit kündigen, zuviel gezahlte Gebühren erhalte ich zurück:

Name / Vorname

Straße / Hausnummer — Postleitzahl — Wohnort

☐ **Bezahlung bequem und bargeldlos durch Bankeinzug**

BLZ (bitte vom Scheck abschreiben) — Konto-Nummer

Geldinstitut

☐ **Gegen Rechnung.** Bitte keine Vorauszahlung leisten. Rechnung abwarten.

Datum / 1. Unterschrift des Abonnenten

Garantie: Der neue Abonnent kann diese Bestellung innerhalb einer Woche schriftlich beim Leserservice SelberMachen widerrufen. Die Frist beginnt mit Absendung dieser Bestellung (Poststempel). Die Kenntnisnahme dieser Hinweise bestätigt der neue Abonnent mit der 2.Unterschrift:

2. Unterschrift des Abonnenten — RB 16800 / 2

2 **SelberMachen-Buch Heimwerken** DM 19,80 + DM 5,80 Versandkostenanteil (Ausland DM 12)

3 **SelberMachen CD ROM '95** DM 29,80 + 5 DM Versankostenanteil (Ausland DM 12)

3 x SelberMachen für 10 statt 15 Mark

Widerrufsgarantie: Der neue Abonnent kann die Bestellung innerhalb einer Woche beim Leserservice SelberMachen widerrufen. Die Frist beginnt mit Absendung dieser Bestellung (Poststempel).

Selbermachen

macht Spaß, bringt Erfolg, spart Geld. Mit Ihrem Buch können Sie sich davon schnell selbst überzeugen. Darum machen wir Ihnen drei weitere sehr gute SelberMachen-Angebote:

1 Im günstigen Probe-Abo 3 x SelberMachen frei Haus für 10 statt 15 Mark.

Europas größtes Do-it-yourself-Magazin kommt im Abonnement direkt zu Ihnen nach Hause. Jeden Monat. Mit immer wieder neuen praktischen Vorschlägen für alles, was Sie in Wohnung, Haus und Garten selberbauen, modernisieren und reparieren können. Mit genauen Anleitungen von den SelberMachen-Profis. In jeder Ausgabe 16 Extra-Seiten zum Sammeln und ein komplettes Bauplan-Thema.

2 Das große Ratgeber-Buch Heimwerken für DM 19,80 + DM 5,80 Versankosten (Ausland DM 12 Versandkosten).

Für alle Reparaturen rund ums Haus. Auf 240 Seiten jede Menge Do-it-yourself-Anleitungen und Praxis-Tips von Profis.

3 SelberMachen '95: Alle 12 Hefte auf CD ROM für DM 29,80 + DM 5 Versankosten (Ausland DM 12 Versandkosten).

Neu! Die erste CD ROM von SelberMachen mit speziellem Suchsystem für den schnelleren, besseren Überblick. Alle Hefte, alle Seiten finden Sie sofort per Mausklick. Kein endloses Suchen im Heftstapel, kein Blättern mehr. Jedes Foto, jede Zeichnung, jeden Text können Sie auch ausdrucken – in der gewünschten Größe.

Kreuzen Sie bitte auf der Rückseite an, was Sie bestellen möchten. Legen Sie Ihrer Bestellung einen Verrechnungsscheck über die Gesamtsumme bei. Die Lieferung erfolgt schnellstmöglich.

Regalelemente in immer gleichen Abmessungen passen überall hin: ideal unter der Dachschräge und attraktiv als Raumteiler

Dachschrägen stellen den Möbelbauer, den Selbermacher ebenso wie den Profi, immer wieder vor knifflige Aufgaben. Wegen der Neigung des Dachs und der niedrigen Höhe des Kniestocks, jenes Wandteils, das zwischen Boden und schräger Decke noch senkrecht steht, kommen meist nur flache Regale entlang der Wand in Frage. Fertigschränke aus dem Möbelhaus sind nur dann ein befriedigende Lösung, wenn sie exakt den Raumverhältnissen angepaßt werden. Steht ein Umzug an oder sollen die Möbel anders gestellt werden, sind solche Maßanfertigungen aber schnell unbrauchbar. Ein Regalsystem in Modulbauweise ist in jedem Fall die beste Lösung. Alle Elemente können nach Bedarf in Serie hergestellt werden, sie weisen dasselbe Grundmaß auf und sind damit beliebig kombinierbar, und die Elemente lassen sich wechselnden Bedürfnissen kurzerhand anpassen: Die Teile werden einfach neu zusammengestellt. Wie reizvoll solch ein Regalsystem obendrein aussehen kann, beweist das Beispiel dieses Raumteilers. Die Boxen werden gestapelt, wobei die offenen Seiten in verschiedene Richtungen weisen können. Mit Türen oder Schubkästen versehen, ergeben sich aufgelockerte Fronten, die dem Möbel so viel Leichtigkeit verleihen, daß man das massive Kiefernleimholz, aus dem es gebaut wurde, fast vergißt. Und nicht nur die Variabilität zeichnet das Selbstbausystem aus, auch die Farbgestaltung kann aus dem Möbel einen echten Hingucker machen.

Ob als Raumteiler (gr. Bild) oder als Turm: Modulelemente sind perfekte Staumöbel, die sich für jeden Raum eignen. Die Gestaltung in Form und Farbe macht sie einzigartig.

Modulelemente bieten viele Möglichkeiten

Die Modulbauweise hat neben ihrer Variabilität noch einen Vorteil, der für Heimwerker besonders interessant ist. Hat man erst einmal das Grundmaß festgelegt, kann man diverse praktische Grundmodule gewissermaßen hinzuerfinden. Im Beispiel des Raumteilers gibt es verschiedene Elemente, die sich alle auf die Seitenlänge von 40 cm beziehen und doch ganz unterschiedliche Lösungen darstellen. Das Hauptelement ist ein Würfel aus fünf Platten mit einer offenen Seite. Daneben gibt es Elemente größerer Höhe mit Türen, Schubkastenboxen und kleinere rechteckige Regalelemente mit variierenden Seitenlängen. Übereinander gestapelt, füllen sie den Raum zur schrägen Decke perfekt aus, in die offenen Teile kann man Accessoires oder Pflanzen «zwanglos» arrangieren.

Das Baumaterial, Kiefernleimholz, wird in Baumärkten beinahe verarbeitungsfertig angeboten – man kann praktisch gleich loslegen. Platten in der Breite von 40 cm läßt man sich nach einer zuvor zusammengestellten Materialliste zuschneiden. Und die meisten Kanten sind werksseitig bereits angefast, das heißt, sie weisen eine leichte Abschrägung auf, die man nur noch an den Schnittkanten ergänzen muß. Alle Kanten, an denen die Platten mit Leim zusammengefügt werden sollen, erhalten dann mit Tisch- oder Handkreissäge einen Gehrungsschnitt von 45 Grad, und schon sind alle Regalteile fertig fürs Zusammensetzen. Sind alle Module fertig, sollte man die farbliche Gestaltung realisieren und die Oberflächen aller Regalelemente mit einem Schutzanstrich versehen. Dazu eignen sich Holzwachs, Lasuren oder Acryllacke, die je nach dem gewünschten Farbton ausgewählt werden.

Schubkästen sind eine praktische Ergänzung des Elementsystems. Sie bestehen aus Sperrholzteilen, die an den sichtbaren Seiten mit Kiefernholzblenden versehen werden. Als Griffmulden kann man die Ecken abschneiden.

Zusammensetzen der Holzteile.

Eine einfache Preßtechnik: *Die Platten werden mit dem Gesicht nach unten gelegt und mehrere Streifen Packklebeband aufgesetzt.*

Die verbundenen Teile *umdrehen und auf eine ebene Fläche legen. Leim in die entstandene V-förmige Nut geben und verstreichen.*

Wie ein Scharnier *werden die mit Klebestreifen armierten Platten zugeklappt. Austretenden Leim vor der Aushärtung abwischen.*

Alle vier Seitenteile *werden zusammengefügt und mit Klebeband gesichert. Die Diagonalen exakt ausmessen: Sie müssen gleich lang sein!*

Mit der Oberfräse *lassen sich nach dem Zusammensetzen der Teile alle Kanten gestalten. Verschiedene Profile stehen zur Wahl.*

Die Rückwände *der Regalelemente: beschichtete Spanplatte in 8 mm Stärke. Sie werden gegen Abschnitte von Dreieckleisten geleimt.*

Details zeugen von Raffinesse

Sind alle Elemente fest zusammengefügt, kann man – neben der farblichen Gestaltung – weitere zierende und nützliche Zusatzelemente anbringen. Stilistisch wirkungsvoll sind die Profile der Möbelkanten. Sie verleihen dem Ganzen optische Einheitlichkeit und geben ein Finish, das von handwerklicher Raffinesse zeugt. Die einfachste Bearbeitung erfolgt als Vollendung der bereits an den Leimholzplatten vorhandenen abgeschrägten Kanten, der sogenannten Fasen. Mit einem Hobel werden sie überall dort ergänzt, wo sie durch Plattenschnitte verlorengingen. Auch die Innenkanten kann man anfasen, jedoch besser, bevor die Seitenteile fest verleimt werden. Der Umgang mit der Oberfräse erfordert etwas Übung, aber es gelingen dank eines an den Fräsaufsätzen vorhandenen Anlaufrings ausnehmend gleichmäßige Profilformen. Zunächst kann

Ein wichtiges Schrankelement: die Sockelplatte

Eine Sockelplatte sollte jedes Schrankmöbel haben. Sie hebt es ein wenig vom Boden ab und verleiht so den letzten gestalterischen Pfiff. Sockelplatten haben auch einen praktischen Sinn: Da bei der Kombination verschiedener Elemente unterschiedliche Teilgewichte auf den Boden drücken, kann es – zumal auf Teppichboden – zu Verwerfungen des Möbels kommen. Sockelplatten verhindern das.

Oberfräse leicht herstellen.

ein Fasenfräser den Handhobel ersetzen. Hohlkehlen sind eine stilvolle Kantenprofilierung, die mit dem entsprechenden Fräsaufsatz gelingt. Möchte man die Kanten runden, steht ebenfalls ein Fräser zur Verfügung. Aber auch ein Schleifklotz mit feinem Schleifpapier bringt das gleiche Ergebnis. Falzfräser tragen an der Kante eine kleine Nut ab. Setzt man die Teile aufeinander, ergibt sich an den Elementgrenzen eine breite Schattenfuge, wie sie das Beispiel des Raumteilers anschaulich zeigt (s. Bild Seite 98).
Ein weiteres Stilelement bilden Türen, die eine zusätzliche farbliche Ansicht bieten, aber auch die Beschläge, also die Möbelgriffe, die zum Öffnen angebracht werden. Beim Raumteiler des Beispiels wurde darauf aber ganz verzichtet. An den Oberseiten der Türen werden – ebenso wie bei den Schubkästen – Ecken winklig abgesägt, so daß Grifflöcher entstehen.
In der Gesamtansicht zeigt sich: eine elegante Lösung, die die formschöne Regalkonstruktion wirkungsvoll abrundet.

Umleimer, so heißen die Abdeckstreifen aus Kunststoff, werden auf die Schnittkanten der Türenplatten aufgebügelt und abgekantet.

Türscharniere zum Aufschrauben werden angesetzt. Wählt man solche mit Federmechanik, erspart man sich die Magnetschnäpper.

Lasur oder Lack wird auf das zusammengesetzte Teil aufgetragen: an den Kanten mit dem Pinsel, auf Flächen mit der Kunststoffrolle.

Grifflöcher an den Türen sind wegen ihrer Simplizität die beste Lösung. Farblich abgesetzt, wirken die Türen und Fronten gut.

Ein Raumwunder:

Besser kann man den Raum unter einer Dachschräge kaum nutzen: ein Schrank aus Fachböden mit davorgesetzten Schiebetüren. Der Clou: Ein Spezialsystem ermöglicht schräge Türen.

der Schrank unterm Dach

Unter der Dachschräge des Hauses ist wenig Platz für einen Einbauschrank? Irrtum: Sogar an der Giebelwand kann man perfekte Lösungen schaffen.

Dachschrägen sind eine der schwierigsten Einrichtungssituationen, die sich in einem Haus bieten. Je nach Dachneigung und der Höhe des Drempels, jenes kurzen Teils der Außenwand zwischen Fußboden und dem abfallenden Dach, lassen sich unter schrägen Decken nur flache Einbauten vornehmen. Schränke sind hier kaum zu realisieren. Die Giebelseite stellt dagegen den besten Aufstellungsort für einen komfortablen Schrank dar. Ein Teil kann in der größten Raumhöhe untergebracht werden. Aber auch der Raum unter dem abfallenden Dach, der vielfach noch beträchtliche Platzreserven bietet, ist als Schrankraum nutzbar. Das größte bauliche Problem sind hier die Türen. Mit Maßanfertigungen kann man es lösen – ganz einfach.

Paßgenauer Schrankraum von Wand zu Wand – das ist Selbermachen in Perfektion.

Optimale Anpassung: Mit Profilen aus Aluminium

Maßanfertigung: Die Schiebetüren können mit den Aluprofilen jeder Schrägung angepaßt werden: einfach zusammenstecken.

Türen montieren mit System

Das Schranktürsystem, das mit dem Beispielschrank gezeigt wird, besteht im Prinzip nur aus Türrahmen. Da man diese passend zusägen und zusammensetzen kann, sind sie für jede Dachschrägensituation geeignet. Die Türfüllungen fertigt man – ebenfalls auf Maß passend – selbst. Zum System gehören außerdem die Laufschienen für Decke und Boden, die nötigen Rollen, Verbinder und das Befestigungsmaterial. Profile und Schienen bestehen aus Aluminium und können in Mattsilber, Glänzendweiß und in Schwarz geliefert werden. Boden- und Deckenschienen gibt es in Längen von 3,6 m. Soll die Schrankfront länger werden, können Schienen zusammengesetzt werden. Die Standardhöhen der Türen sind für 2,75 m ausgelegt. Da die Türrahmen ohnehin individuell angepaßt werden, ist auch das Kürzen kein Problem. Das Gewicht der Türen tragen die unteren Rollen, in die oberen Schienen greifen Gleiter, die die Tür nur führen und keiner Zugkraft durch das Türgewicht ausgesetzt sind. Gerade dieses Prinzip erweist sich bei Dachräumen als vorteilhaft, deren Decken z. B. nur mit Profilbrettern – wie in diesem Beispiel – abgehängt sind, die keiner Belastung ausgesetzt werden können. Ein weiterer Vorteil: Das Türensystem überträgt kaum Laufgeräusche an die hohle Decke. Die untere Laufschiene wird einfach auf den Boden geschraubt. Soll Boden oder Bodenbelag geschont werden, kann man die Laufschiene auch mit doppelseitig haftendem Klebeband fixieren. Da sie beim Hin- und Herschieben der Türen keinen Scherkräften ausgesetzt wird, sondern lediglich eine Spur abgibt, reicht die Klebebefestigung völlig aus.

baut man Türen für die Schräge.

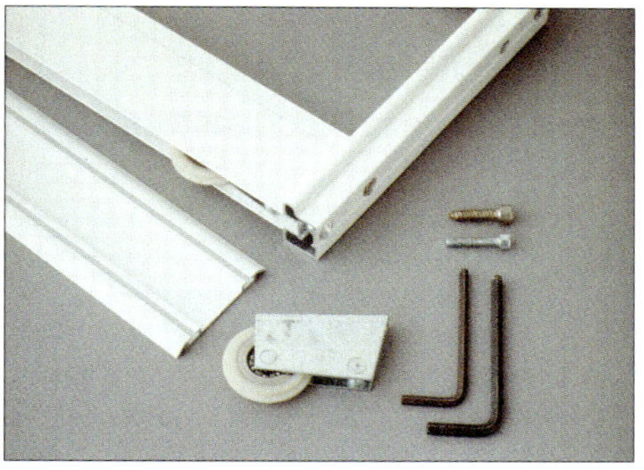

Am Boden *wird eine Laufschiene fixiert. Die dazugehörigen kugelgelagerten Laufrollen werden im unteren Türprofil festgeschraubt.*

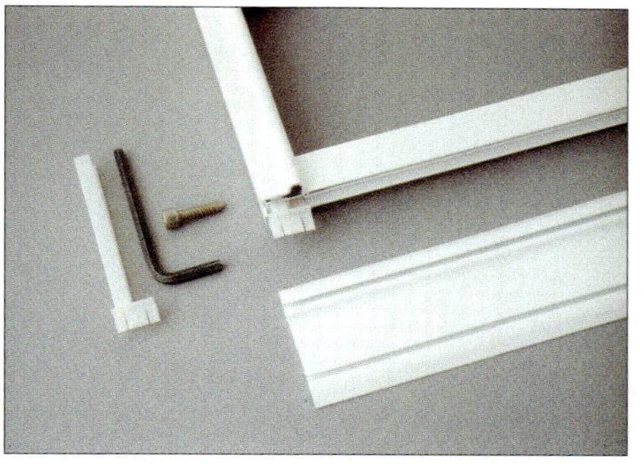

An der Decke *wird die obere Laufschiene festgeschraubt. Die Rahmenprofile verbinden Inbusschrauben, der Gleiter wird eingeschoben.*

Kleine Federn *aus Kunststoff, in die untere Laufschiene eingesetzt, bremsen die Tür beim Zuschieben ab und halten sie fest geschlossen.*

Die Deckenschiene *wird in einem Schrankkorpus oder, wie im Beispiel, direkt an der Decke fixiert. Dazu muß man Dübel verwenden.*

Die schrägen Türen *laufen in einer Schiene, die man an einem Fachboden festschraubt. Der Gleiter kommt an die Türinnenseite.*

Der Gleiter *greift in die schmale Schiene. Zu beachten: Läuft die Nebentür in der zweiten Spur, ist der Bewegungsraum eingeschränkt.*

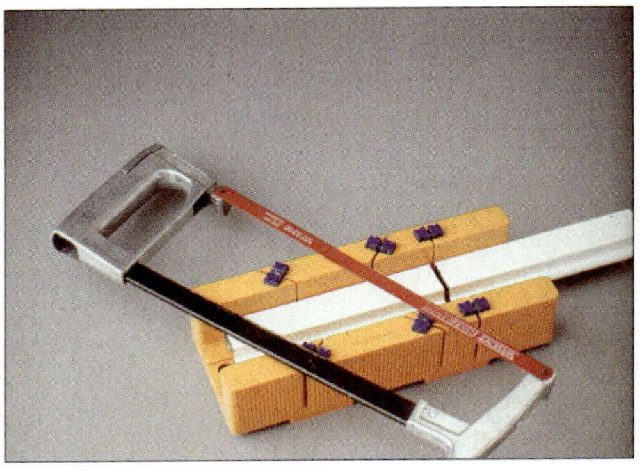

Für das Ablängen *der Aluminiumprofile benötigt man eine Metallsäge. Bei rechtwinkligen Schnitten benutzt man eine Gehrlade.*

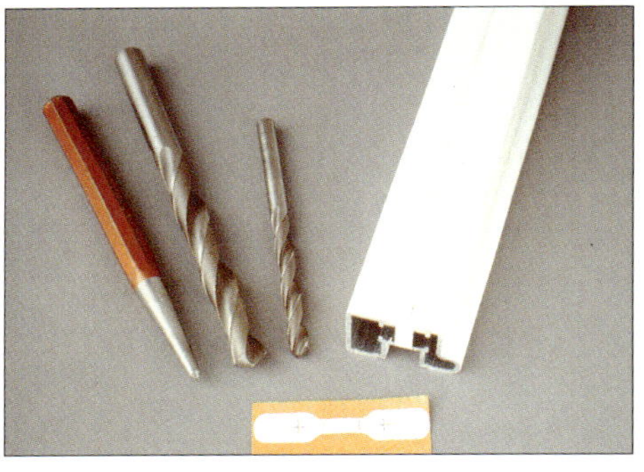

Die Position *der Bohrungen an den Enden der Profile mit Schablone markieren. Von unten und oben mit zwei Bohrergrößen arbeiten.*

Eine Bürstendichtung *wird an die Wand oder an die Türseiten geklebt. Sie hält Staub ab und dämpft das Anschlaggeräusch der Türen.*

Aluminiumprofile zuschneiden

Die einfachste Art, ein Schranktürensystem aus Aluprofilen zu installieren, ist, einen Lieferanten zu beauftragen (die Herstelleradresse steht auf Seite 111). Er benötigt eine genaue Skizze, aus der die Montagemaße hervorgehen und nach denen er die Montageteile vorbereitet und an Ort und Stelle zusammensetzt. Wer die Montage selbst übernehmen will, kann die Schienen zuschneiden lassen oder Standarlängen bestellen und diese selbst maßgenau ablängen. Die Standardlängen von Schienen und Profilen betragen in der Höhe 2,75 m, in der Breite 1,21 m. Sollen schmalere Türen entstehen, sägt man die Profile ab. Sind einige Türen abzuschrägen, empfiehlt es sich, eine möglichst einheitliche Türfront entstehen zu lassen. Deshalb bringt man die Türen auf gleiche Breite. Die langen Seitenprofile brauchen an den Enden Bohrungen, die für das Zusammenfügen der Ecken nötig sind. Für die genaue Position dieser Löcher werden Bohrschablonen aufgeklebt, die mitgeliefert werden. Sollen Türen abgeschrägt werden, muß man die Seitenprofile teilen, der Dachneigung entsprechend auf Gehrung zuschneiden und dann mit einem gelenkartigen Eckbeschlag zusammenfügen. Eine besonder Montagesituation ergibt sich durch den schrägen Türrahmen dann, wenn er nicht deckenhoch ausfallen kann. Diese Situation wird im Beispiel anschaulich, wo beide Schrägtüren kleiner als die beiden rechtwinkligen Türen sind. Die Türen bekommen als obere Führung eine Schiene, die an die Kante eines festen Fachbodens geschraubt wird. In diese Schiene greift ein Gleiter, den man an die Innenseite der Tür schraubt. Angeschrägte Türen bekommen oben nur einen Gleiter.

Türdekore: Alublechimitation *Wellpappe mit DD-Lackschicht* *Sandgestrahltes Sperrholz*

Türfüllungen selbst gestalten

Um schräge Türen zu ermöglichen, wurden Türrahmen und Türfüllung voneinander getrennt. Für den Selbermacher ergibt sich damit ein zusätzlicher Vorteil: Er kann die Türfüllungen selbst gestalten und einpassen. Diese Füllungen dürfen nur 10 mm dick sein, damit sie in die Nuten der Türprofile passen. Bei der geringen Materialstärke kommen verschiedene Lösungen in Betracht: Sperrholz ist dünn und eignet sich als Türfüllung, dasselbe gilt für Spanplatten oder auch Glas bzw. Spiegel. Wegen des großen Gewichts von Glas wird selbstverständlich kein Material verwendet, daß die 10 mm voll ausfüllt. Es genügt schon eine Materialstärke von 4 mm. Den verbleibenden Raum in der Nut füllen dann Gummiprofile aus, die die Platten im Rahmen auch festklemmen und verhindern, daß sie klappern. Auch Holzplatten müssen nicht die volle Stärke von 10 mm aufweisen. Sie würden dann im übrigen den Vorteil des geringen Türgewichts mindern. Die Holzplatten setzt man außerdem nur als Träger ein, auf denen man dekorative Flächengestaltungen realisieren kann. Dazu einige Vorschläge oben und auf der folgenden Seite.

Ein Eckgelenk verbindet die Profile, die für die Schrägen auf Gehrung zugesägt wurden. Es wird in den Hohlraum des Profils gesteckt.

Ein Gleiter am oberen Ende der schrägen Tür faßt in die Deckenschiene. Die Montage einer Schiene am Regalboden ist dann nicht nötig.

Viele Dekore: Mit Folien geht die Arbeit schnell.

Lacke, Dekorfolien oder Bodenbeläge eignen sich zur Türgestaltung.

Wer bei seinen Türen Spiegel oder Glasscheiben einsetzen möchte, wendet sich am besten an eine Glaserei und bestellt dort entsprechende Zuschnittware. Nicht, daß der Heimwerker die Bearbeitung von Glasflächen nicht bewältigen könnte. Aber der Zuschnitt erfordert einige Erfahrung, und das Material ist teuer: Produziert man Bruch oder verschneidet man sich, wird der Türbau ein kostspieliges und möglicherweise auch entmutigendes Unterfangen. Der Glaser kann obendrein auch den Kantenschliff besorgen und einen dekorativen Facettenschliff anbieten. Der Umgang mit Holzplatten ist dagegen ein lohnenswertes Unternehmen, denn man benötigt keinerlei Spezialwerkzeuge und belastet auch das Budget nicht übermäßig, wenn doch etwas danebengeht.

Für Türfüllungen eignet sich jede Plattenware, die ausreichend stabil ist. Sperrholz oder Spanplatten können unbearbeitet verwendet werden. Doch wird man wegen des besseren Aussehens auf eine Oberflächengestaltung nicht verzichten. Die Möglichkeiten sind grenzenlos. Allein bei Holzlacken und -lasuren gibt es unüberschaubare Variationsmöglichkeiten. Mit Pinsel oder Schaumstoffrolle aufgetragen, erzeugt man eine Farbschicht, die mit der Farbe der gewählten Aluminiumprofile harmonieren sollte. Und auch an Beschichtungsfolien steht eine enorme Dekorpalette zur Verfügung. Einige Beispiele sind am Kopf dieser und der vorigen Seite vorgestellt. Folien sind häufig mit einer selbstklebenden Schicht ausgerüstet, die das Aufbringen auf die Trägerplatte einfach macht. Falls nicht, kommen Spezialkleber zum Einsatz. Bei jeder Beschichtungsart ist zu bedenken, daß sich dünne Holzplatten leicht wölben, wenn sie nur von einer Seite tapeziert oder gestrichen werden. Um das zu vermeiden, muß eine Gegenkaschierung aufgebracht werden, die die Spannung aufhebt, welche durch die Feuchtigkeit des Klebers entsteht. Packpapier genügt. Wichtig: Hierfür denselben Kleber oder Kleister verwenden!

Linoleum ist ein idealer Werkstoff für die Türgestaltung. Es wird mit speziellem Bodenbelagskleber auf Sperrholz geklebt.

Tapete mit Splittoberfläche

Stoff mit Fellimitation bedruckt

Kunstrasen als Türoberfläche

Türen für jede Schrägung

Wer es mit besonders hohen Decken zu tun hat, kann die Laufschienen des Türprofilsystems auch von der Decke abhängen, also ein spezielles Trägersystem verwenden (Roland-System, Herstellernachweis unten). Das Rohr, das Deckenflansch und Schienenfuß miteinander verbindet, kann auf Längen zwischen 12 und 45 cm angepaßt werden. So werden auch unterschiedliche Deckenhöhen nivelliert. Wer in einem Dachzimmer den Raum vor dem Drempel verwenden möchte, denkbar bei sehr steilen Dächern, kann ebenfalls auf einen Spezialbeschlag zurückgreifen. Das Ausgleichsstück verfügt über ein eingebautes Scharnier, das sich jeder Dachneigung anpaßt (Roland). Die obere Laufschiene der Türen wird einfach angeschraubt. Sowohl die Beschläge für den Dachhöhenausgleich (oben) wie auch für den Dachschrägenausgleich verfügen über eine Befestigungsmöglichkeit für Abdeckblenden.
Gleittürsysteme: Raumplus Letzelter GmbH, Vorweide 4, 28259 Bremen, Tel. 04 21/5 76 51 17.
Spezialbeschläge: Roland-System, Postfach 16 53, 53705 Siegburg, Tel. 0 22 41/54 30.

Das Scharnierelement zur Anbringung der Laufschienen an schrägen Decken. Die Schiene wird unter die Montageplatte geschraubt.

Alle 60 cm wird ein Ausgleichsbeschlag an die Decke geschraubt. Höhenunterschiede müssen allerdings vorher ausgeglichen werden.

Der begehbare Schrank:

ein Möbel mit viel Tiefe

Ein begehbarer Schrank bleibt für viele ein Traum. Zu Unrecht: Ist genug Platz vorhanden, kann man eine Kammer dafür abteilen.

Viel Platz für Kleider und Anzüge, endlich ein Abstellort für Haushaltsgeräte, Bügelbrett, Leitern, Wäschekörbe, die Schuhe einmal nicht übereinanderschichten müssen – ein geräumiger begehbarer Schrank ist die Verwirklichung all dieser Wünsche. In einem kleinen Zimmer gibt es wenig Aussicht für ein derart großzügiges Projekt. Ist aber beispielsweise das Schlafzimmer groß genug, kann man sich ein Segment für einen begehbaren Schrank ababteilen. Dafür wird z. B. eine Leichtbauwand eingezogen, mit Gipsplatten und Metallständerwerk. Sie teilt einen Raum ab, vor dessen offener Stirnseite der Selbermacher einen Kleiderschrank baut, von Wand zu Wand, vom Boden zur Decke. Ist eine Kammer bauseits vorhanden, fängt man gleich mit dem Schrankbau an.

Von außen ist es ein raumhoher Schrank mit Lamellentüren. Dahinter öffnet sich der eigentliche Schrank: eine Kleiderkammer.

Mit präziser **Vorzeichnung** ist schon

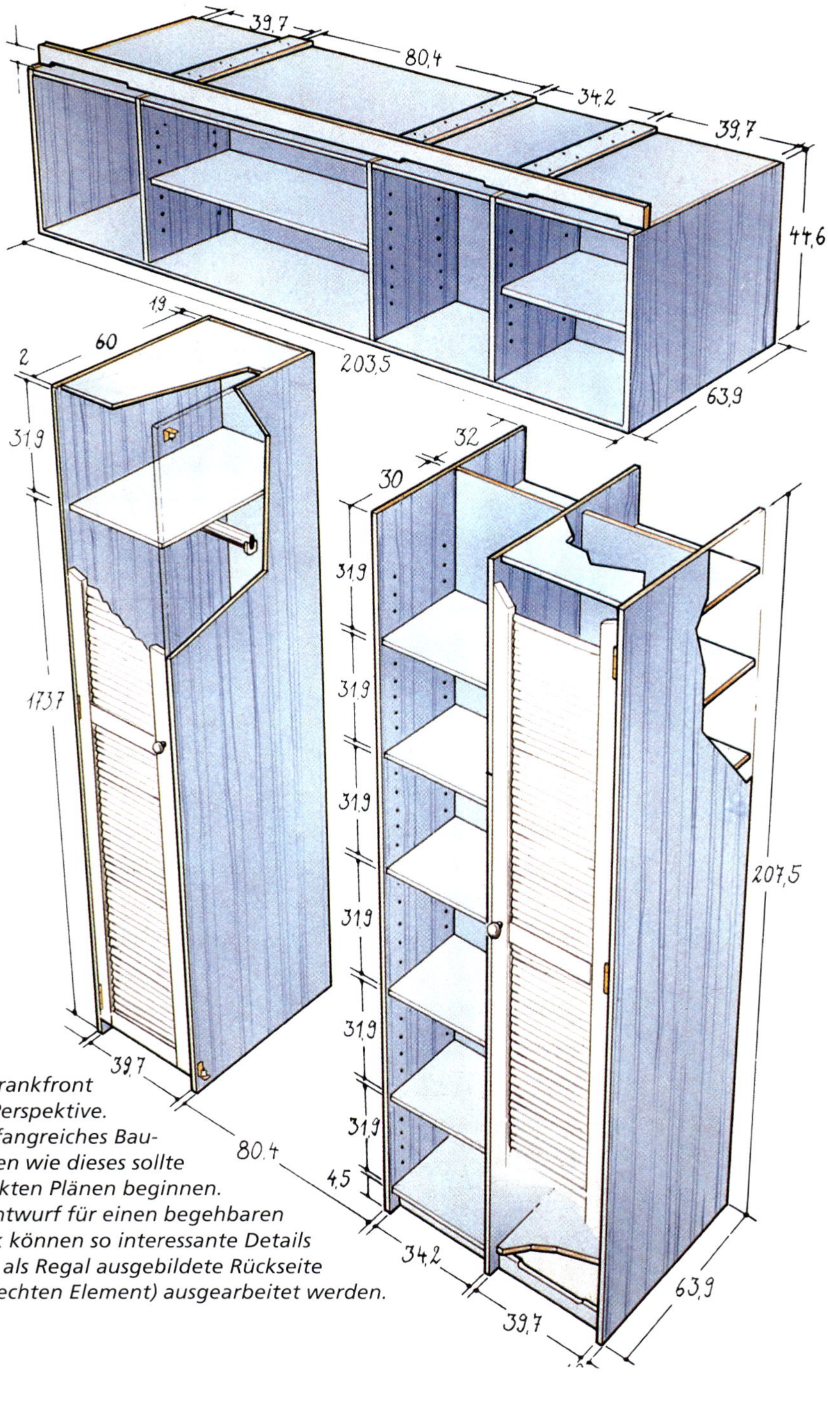

Die Schrankfront in der Perspektive. Ein umfangreiches Bauvorhaben wie dieses sollte mit exakten Plänen beginnen. Beim Entwurf für einen begehbaren Schrank können so interessante Details wie die als Regal ausgebildete Rückseite (beim rechten Element) ausgearbeitet werden.

der halbe Schrank fertig.

Von der Frontseite her gesehen ist der Kleiderschrank mehrgliedrig aufgebaut, im Beispiel zeigt er fünf senkrechte Seitenwände, wie auf dem großen Foto der vorangehenden Seite zu sehen. Diese optische Aufteilung ergibt sich durch die Lamellentüren und das eingefügte Regalteil. In der Konstruktionszeichnung (links) erkennt man die Brückenform aus drei Schrankkorpussen: dem schmalen Element links des Durchgangs, einem Doppelelement rechts davon und einem quer aufgesetzten Dachteil. Darunter bleibt der Durchgang in den begehbaren Teil, der durch Pendeltüren abgetrennt wird.
Die Konstruktion des ganzen Bauvorhabens ist schon die Hälfte der Arbeit. Als Grundmaß verwendet man die verfügbaren Türmaße. Für diesen Bauvorschlag wurden Lamellentüren verarbeitet, die es in drei Breiten (39,4 cm, 49,4 cm und 59,4 cm) und fünf Höhen (46,3 cm, 60,8 cm, 75,3 cm, 202,7 cm und 252 cm) gibt. Hinzuzurechnen sind die Materialstärken der Seitenwände. Eine individuelle Maßanfertigung wird diese Schrankfront durch das Regalelement, das den Restabstand zur Wand in der Breite ausfüllt. Bleibt ein Spalt zur Decke hin, wird eine entsprechend breite Holzblende angesetzt.
Als Baumaterial für Schrankkorpus und die Fachböden kann man beschichtete Spanplatte verwenden. Leichter bearbeiten läßt sich Tischlerplatte. Sie wiegt weniger und hat ein Echtholzfurnier, im Beispiel in Esche, das man in jedem Farbton lasieren oder beizen und dann lackieren kann. Die Materialstärke für die Bauteile beträgt 19 mm. Alle sichtbaren Kanten werden mit Umleimern in Kunststoff oder Holzfurnier (hier Esche) abgedeckt.

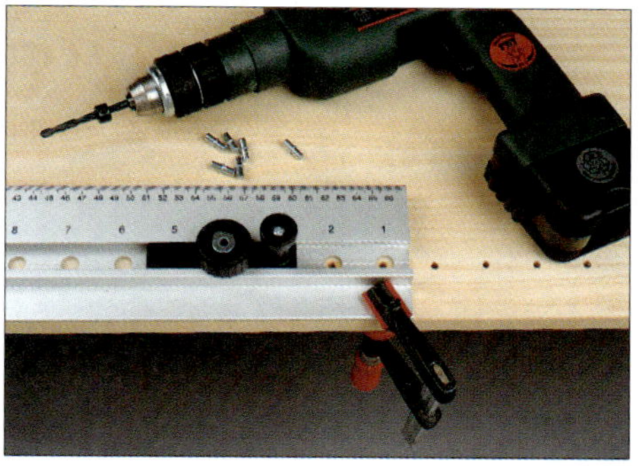

Mit einer Bohrlehre *werden die Löcher genau passend in die Seitenteile gesetzt, die die Bodenträger der Einlegeböden aufnehmen.*

Auf den Seitenteilen *markiert man die Positionen von festen Böden, Rück- und Zwischenwänden und ermittelt so die Bohrpositionen.*

Die Sockelbretter *werden mit den Blenden montiert. Der schmale Schlitz an der Blendenkante gewährleistet die spätere Umlüftung.*

Präzision bei den **Vorarbeiten** sorgt für

Vorbereitung für die Montage

Sind die Maße der Schrankfront durch sorgfältiges Zeichnen ermittelt, kann man sich alle Platten im Holzhandel zuschneiden lassen oder geht selbst mit der Tischkreissäge ans Werk. Im Anschluß daran die Vorbereitung der Montage: Sacklöcher werden gebohrt für die festen Regalverbinder, für die Tragestifte der Fachböden, je nach den gewählten Türen kann man auch die Montagepositionen für die Türbänder festlegen. Alle Kanten von Schrankwänden und Fachböden erhalten einen Umleimer mit dem Bügeleisen. Dann noch die überstehenden Kanten der Umleimer mit dem Stecheisen entfernen, und es geht an die Montage.

Im Innern des begehbaren Schranks: Einrichtungsarbeiten

Während die Schrankfront Gestalt annimmt, ist auch die Inneneinrichtung der neugeschaffenen Kleiderkammer ein wichtiger Planungspunkt. Eine praktische Inneneinrichtung kann man mit Wandschienen und einhängbaren Trägern einbauen. Das System ist variabel und kann durch Umstecken der Träger jederzeit verändert werden (Element-System).

zufriedenstellende Ergebnisse.

Sind die Korpusse der Schrankelemente zusammengesetzt, kann man sie vor der endgültigen Aufstellung sauber in der Senkrechte ausrichten. Später ist hierfür kaum noch Gelegenheit. Die blaue Färbung des Beispielschranks zeigt: Auch der Anstrich sollte vor der Montage erfolgen. Sorgfältig geplant, werden die Türen des Schranks gleich mit den Schrankplatten gekauft. Die Auswahl an Schranktüren ist enorm groß. Nicht jeder Händler führt die Programme aller Hersteller – ein Modell- und Preisvergleich bei verschiedenen Märkten ist daher keine vergeudete Zeit. Wer dabei nur Türen findet, die zu lang sind, sollte wissen, daß man die meisten Modelle mit der Kreissäge einfach kappen kann, ohne Schaden anzurichten. Wichtig bei der Planung außerdem: die Art, wie die Türen geöffnet werden sollen. Normale Drehtüren benötigen Platz vor dem Schrank, nur etwa die Hälfte des Platzes brauchen Falttüren. Die größte Freiheit bieten Schiebetüren: Sie schwingen überhaupt nicht aus.

Mit Keilen *und Unterlagen werden die Korpusse exakt gleich hoch und waagerecht ausgerichtet, nicht ganz leicht bei Teppichboden.*

Endmontage: *Der obere Brückenkorpus wird auf die beiden Trägerelemente gesetzt. Nochmals den Stand mit der Wasserwaage prüfen!*

Die Montage *der Sockelblenden – der Schrank liegt auf dem Gesicht: Für exakt fluchtende Positionen sorgen die schmalen Eckleisten.*

Die Schranktüren *sind zu lang. Kein Problem: entlang eines Anschlags abschneiden und eine neue Abschlußlamelle ansetzen.*

Die passenden **Beschläge** für alle Türen

Ein Hilfsklotz, *der bei der Montage unter die Türen gelegt wird, ist äußerst nützlich: Er sorgt für eine gleichmäßige Einbauhöhe.*

Die Pendeltürbeschläge *gewährleisten, daß die Durchgangstüren nach beiden Seiten aufschwingen und selbsttätig wieder schließen.*

Magnetschnäpper *halten die Türen geschlossen. Sie werden in Griffhöhe an den Seitenwänden und an der Türinnenseite montiert.*

Die Schrankelemente stehen. Dann kommen die Türen an die Reihe. Sie werden mit vorgefertigten Beschlägen aus dem Baumarkt mit den Korpussen verbunden. Je nach Gewicht der Türen kann man Topfscharniere verwenden oder, wie im Beispielschrank, einfache Blechscharniere, die kaum auftragen. Sie werden zunächst am Türrahmen festgeschraubt, von einem Helfer in der richtigen Montageposition vor den Korpussen gehalten und mit Holzschrauben an den Seitenwänden des Schranks festgesetzt. Die Türen, die den Durchgang verschließen, sollen wie Saloontüren nach beiden Seiten schwingen. Sie erhalten deshalb Pendeltürbeschläge, die in zwei Richtungen öffnen. Ist alles dran, fehlt nur noch der Schrankinhalt.

Die farbliche Gestaltung: Gutes für Holzoberflächen

Lasuren und Beizen können Holzoberflächen tönen. Die gebräuchlichsten Beizen sorgen für einen bestimmten Holzton. Es gibt aber auch Buntbeizen in den verschiedensten Farben. Sie werden nach dem Schleifen des Holzes aufgestrichen und mit farblosem Lack geschützt.

gibt es in großer Auswahl.

Alles drin! Jedoch sollte die Beleuchtung nicht vergessen werden. Eine Reihe mit Strahlern und ein Spiegel sind das richtige.

Schränke einrichten mit

flexiblen Einbausystemen

Einbauschränke machen Sinn. Dies gilt vor allem, wenn man sie mit Böden, Kleiderstangen und Haken ökonomisch ausstattet.

Normale Kleiderschränke haben eine feste Inneneinrichtung, die sich nur wenig verändern und damit den individuellen Ansprüchen nur bedingt anpassen läßt. Ob mehr Kleiderstangen oder mehr Fachböden vonnöten sind, ist von Nutzer zu Nutzer verschieden. Wer seine eigenen Vorstellungen realisieren kann – Einbauschränke sind dafür die beste Voraussetzung –, hat es ungleich besser.
Eines der gängigsten Systeme, das in vielen Baumärkten vertrieben wird, ist das Element-System (die Abbildungen auf dieser Seite). Sein Prinzip beruht auf Metallschienen in U-Form, die mit Schrauben und Dübeln senkrecht an der Wand verankert werden. Diese Schienen verfügen über kleine senkrechte Schlitze, in die Konsolträger aus Metall eingehängt werden. Bei mindestens zwei parallel und exakt auf gleicher Höhe fixierten Schienen liegen die Fachböden auf den Konsolen garantiert waagerecht, ebenso Kleiderstangen bzw. -rohre. Der große Vorteil des Element-Systems ist seine Variabilität: Schienen gibt es in Längen von 50 bis 250 cm, Träger für Regalböden von 10 bis 60 cm Tiefe. Auch Drahtkörbe für Kleinteile sind in das System integrierbar.

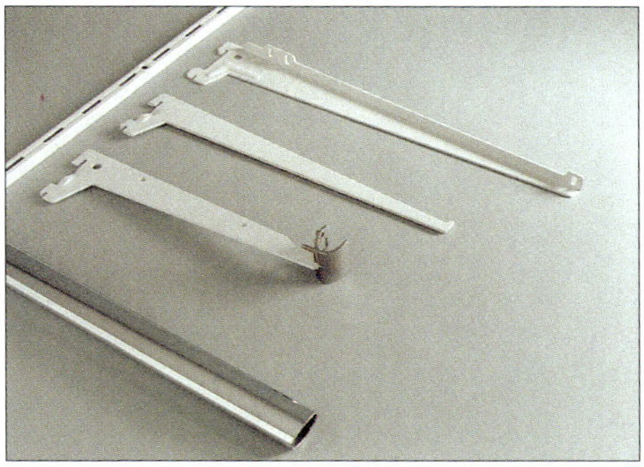

Die Schienen und Träger des Element-Systems gibt es in Weiß und in Braun. Die Konsolträger verfügen über Haltestege und -nasen.

Für Ovalrohre, die als Träger für Bügel dienen, gibt es speziell geformte Konsolen mit wannenartigem Endstück.

An einem schmalen **Regal** im Schrank lassen

Kernstück Regal: Roland-System

Ein ideales Ausstattungssystem für Einbauschränke bietet das Roland-System. Kernstück ist ein schmales Regal, das einfach in den Schrankraum gestellt wird und alle weiteren Elemente, vor allem die Kleiderstangen, aufnehmen kann. Das 217 cm hohe, 42 cm breite und 38 cm tiefe Bausatz-Regal wird durch sechs Böden unterteilt, dazu gibt es zwei Schubladen, die in beliebiger Höhe eingesetzt werden. Zum Lieferumfang des Regalelements gehören drei Kleiderstangen. Sie können mit Lagern an den Regalaußenwänden und den angrenzenden Raumwänden befestigt werden. Ist hier nur ein kurzer Abstand zu überbrücken, kann man die Stangen ohne weiteres mit Hilfe einer Eisensäge kürzen. Ist der Abstand von Wand zu Wand hingegen größer als 240 cm, stellt man ein zweites Regalelement auf und bringt auch zwischen den Regalen Kleiderstangen an. Prospektmaterial und eine Händlerliste bekommt man beim Kundenservice des Roland-Systems, Tel. 0 22 41/54 31 85.

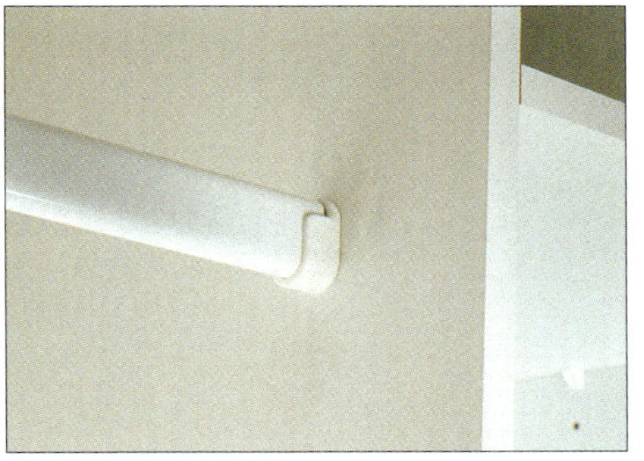

Lager für Kleiderstangen tragen das Ovalrohr für Bügel. Sie werden an den Regalaußenseiten und den Raumwänden festgeschraubt.

Schuhständer ergänzen das System. Sie nutzen den Platz unter den Kleiderstangen, wo bei hängender Kleidung oft viel Raum bleibt.

Zwei Schubkästen zählen zum Bausatz des Regals. Sie verfügen über Profile aus Kunststoff und sind für Kleinteile gut geeignet.

Krawatten- und Gürtelhalter werden an die Kleiderstangen gehängt und festgeklemmt. Sie sorgen für optimale Platzausnutzung.

Das System aus **Gitterelementen** ist

stabil, variabel und sorgt für gute Lüftung.

Clairson: ein System von Körben

Eine enorme Variabilität bietet das Clairson-System, das sich aus Gittern, Körben und weiteren Bauelementen zusammensetzt, die sich beliebig kombinieren lassen. Es gibt Schrankeinbausätze für Breiten von 150 bis 300 cm. Mehrere der Bausätze lassen sich aneinanderreihen, so daß auch außerordentlich geräumige Einbauschränke in voller Breite für die Kleiderablage genutzt werden. Außerdem steht eine Vielzahl von Einzelteilen zur Verfügung, die individuellen Bausituationen und Bedürfnissen gerecht werden. Dazu zählen Rollwagen, Körbe mit Schubkästen, Borde, Trenngitter und Eckregale. Einfache Wandregale mit geringer Tiefe nutzen den Platz an Innenseiten von Türen, oder sie füllen Zwischenräume aus. Mit speziellen Beschlägen, die zum Lieferumfang zählen, lassen sich alle Teile an der Wand oder den Schrankseiten befestigen. Das Clairson-System wird von einigen Baumärkten der Obi-Kette und ausgewählten Fachhändlern angeboten, Informationstelefon: 01 30/81 85 40.

__Korbrahmen__ gibt es in verschiedenen Größen. Sie sind stapelbar und lassen sich durch einen Rollensatz schnell zu Rollwagen umrüsten.

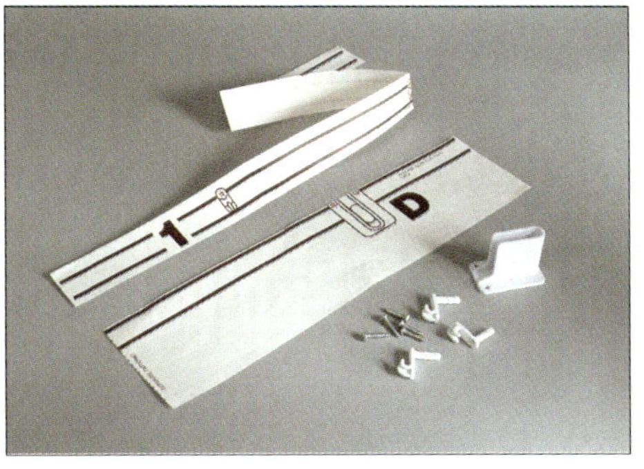

__Schablonen__ erleichtern die Montage der Regalteile. Mit ihnen werden die Positionen der Wandhalter und die Dübelpunkte festgelegt.

__Die Regalböden__ aus Rundstahl werden durch Abkantungen sehr stabil. Ein Vorteil der Gitter ist die gute Durchlüftung des Schranks.

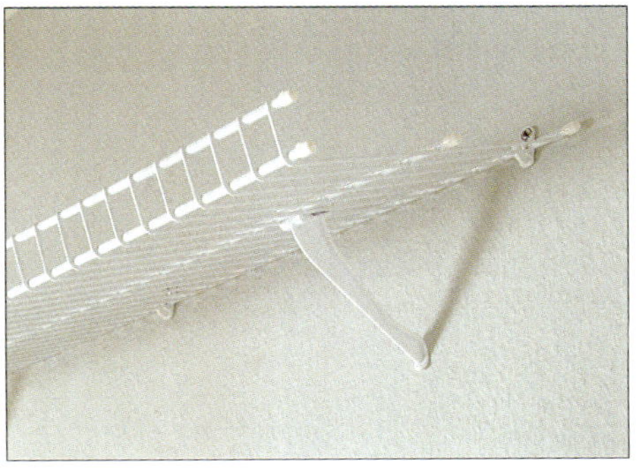

__Schräge Anbringung__ von Gitterborden ist leicht möglich. Wandhalterungen lassen das Abkippen zu, kurze Streben sorgen für Halt.

Stichwortregister

Fotografen: Ariadne Ahrens, Seite 14–21, 52–57; René Lauert, Seite 26/27, 36–41, 42–47, 90/91, 92/93, 94/95, 96; Jörn-Uwe Lindemann, Seite 113–119; Ferdinand Graf Luckner, Seite 30–35; Marco Moog, Seite 22–25, 98–103, 112/113; G. P. Reichelt, Seite 48–51; Petra Stange, Seite 6–12, 28/29, 58–63, 72–75, 76–83, 90, 104–111, 120–125; Karin Vogel-Behrensmann, Seite 64–70, 84–89
Zeichnungen: Jochen Pape, Seite 38, 54, 58, 66, 70, 74/75, 85; Tillmann Straszburger, Seite 9, 11, 16, 18–21, 32, 44, 78, 111, 114

rororo

selber machen

Die Bücher, mit denen das Schaffen zu Hause mehr Spaß macht.

60300–4

60301–2

60302–0

60303–9

60304–7

60305–5

Im April 1997 erscheinen:

60306–6

60307–7

60308–X

60309–8

60310–1

60311–X